圖解台灣027

圖解台灣問俗小百科

100個日常民俗生活的問答題

李秀娥 著

晨星出版

推薦序

入境問俗　社會和諧　身心安頓

民俗是一個地域範圍之內，普羅大眾為因應生活所發展出的約定俗成之文化模式，它是一種常民的、民間的生活態度、價值判斷與行為模式，主要是一種觀念的表達。民俗中的形成乃是一個民族或地區住民，為了因應自然、地理及人文環境歷經長久的時間所形成的文化積澱。所以，《漢書．王吉傳》說：「百里不同風，千里不同俗。」每一個地域由於自然、地理與歷史、人文等條件背景之不同，自然累積產生不同的風俗習慣，這些風俗習慣的差異性，也都忠實地反映在面貌多元的民俗文化之上。

由於在鄉民社會的時代中，國家的律令，甚至是士大夫傳統的禮法，並無法普遍嚴格施行於一國之中，所以民間社會中「約定俗成」而形成的風俗習慣，也就成為地域之內人民生活、相處的重要依據。由於風俗習慣常隨著地域之不同而有所差異，在進入非自己所熟悉的成長地之時，為了能與旁人和諧相處就必須先瞭解當地的風俗習慣，這便是《禮記．曲禮上》所說的：「入竟（境）而問禁，入國而問俗，入門而問諱。」

現代社會中資訊傳播快速，我們已很少再侷限於生活在一個地域之內，許多風俗習慣也發生變化，有的相互融合而成為較大型地域的民俗，更多是因為現代化（西方化）生活方式而快速消失了，當然這其中也免不了出現一些為了因應現代社會形態而產生的「新民俗」。風俗習慣的消長與變化正如文化的軌跡一般，自始至終都不是一成不變的，所有被視為「傳統」的文化現象在一開始產生時都是新的。台灣民間俗諺說：「新例冇設，舊例冇滅。」人類社會從遠古時代的結繩記事到當代的資訊傳播，從古代的「約法三章」到現代的「六法全書」，刑律禮法雖然愈來愈繁密，但由民俗所規範的生活準則仍是許多人不可不瞭解的認知。畢竟，人是社會的動物，生活在社會中如果觸犯了民俗上的禁忌、忌諱，儘管沒有觸犯到法律，但就會因此而無法與旁人和諧相處了！

青壯年時期出身於文化人類學薰習的李秀娥女士，三十年來從未間斷於台灣漢人社會民俗文化的探索，她將多年來的一部分研究成果，以問答的方式編撰成《圖解台灣問俗小百科》，以一百條的答問配合相關圖片，反映出在當代社會仍時行的九大民俗面向，內容中佔多數的部分屬「求吉」，如求財、求功名、求姻緣、求子、求平安、求壽、求神指引等，此外就是一些提醒人們要避免的民俗禁忌事項，相當符合漢人社會「趨吉避凶」的集體心理。而以圖佐文的答問式書稿，也頗適合當代生活節奏快速的人們「依條求解」的閱讀習慣。

台灣漢人社會的民俗面貌豐富而多元，並且隨著人們生活形態的改變而不斷的在變遷。李秀娥女士的這冊《圖解台灣問俗小百科》，其內容結構粗具民俗文化辭典的規格，內容幾乎包含了現代社會中人們求吉避忌的習俗內容。不過這本冊並非實際操作型的工具書，主要仍是提供一般讀者當代台灣社會有關求吉民俗的知識，即便是讀者們在閱讀這本冊時「無所求」，但也可以從中獲得大多數人為什麼要求？以及求些什麼？等相關的內容。這些內容平常就普遍存在於我們的社會中，很多人常因身居其中而未加以留意，即所謂「百姓日用而不知」（語出：《易經．繫辭上》）。若是能從「未知其然」到「知其然」，甚至是「知其所以然」，那麼我們會更加瞭解先人所流傳下來的生活智慧，這也是李秀娥女士在編撰這冊《圖解台灣問俗小百科》時，所要分享給讀者的研究心得。

作為李秀娥女士三十多年來的生活伴侶兼研究伴侶，個人與她經常結伴探索台灣的民俗文化，雖然所著重的面向各有偏重，但總能在關鍵時刻相輔相成。由於家庭與年齡、健康等因素，我們近年已逐漸淡出民俗研究的田野現場，但過去累積的一些成果與心得，在這個紙本出版急遽衰微的趨勢中，還是值得整理出來與讀者朋友們分享，而基於「內舉不必親」的心理，個人也樂於向讀者們推薦這冊《圖解台灣問俗小百科》。

謝宗榮

2020年歲次庚子處暑之節

謹誌於耕研居宗教民俗研究室

作者序

民俗寶地 豐厚文化

本來我壓根兒也沒想到會撰寫這本《圖解台灣問俗小百科》，而是數年前晨星出版公司的執行主編胡文青先生，看到我過去撰寫的民俗短文結集書稿後，給他靈感，所以主動建議我是否可以寫這類民俗百問的書稿，採一問一答的方式，就像民俗百科類的形式。執行主編認為我過去的文章中，其實就有解答，只要能夠擬出約一百題的提問，這樣成書的方向就大致能底定了。

由於不是出於自己的原先構想，所以剛開始構思提問時，內心仍覺得困難與焦慮，因為我不是熟悉所有台灣民俗項目的研究者，所以得朝自己有把握書寫的提問內容來想，而且還要考慮外子謝宗榮老師和我手邊累積的田野訪查照片，可以提供的配圖方向來前進，這樣才不會給自己造成日後執行的困擾。

真正著手構思時，也盡量朝向與台灣民眾日常生活會關切的課題進行，所以後來就以問「求財」、問「求功名考運」、問「求姻緣」、問「婚俗禁忌」、問「求子」、問「求平安團圓」、問「求壽」、問「求神明指引」、問「喪禮的禁忌」等項目，就這些方向湊足整整一百題提問，並針對提問做出相關解答。而在部分提問之下，又有幾則子提問來輔佐。就此，才得以完成《圖解台灣問俗小百科》這本書。

完成書稿和圖片的挑圖、圖說工作後，心裡也放下一顆大石頭。真要感謝文青執行主編的主動提議與企劃，否則我自己原先是沒想到要撰寫這本書的。這本書對我而言，籌備初期的壓力頗大，內心也不免困擾而略顯焦慮，想不到最後還是能夠克服困難，完成執行主編交付給我的任務，也感謝晨星公司的社長陳銘民和徐惠雅主編能夠認同此本書的企劃方向。

本書的主要配圖是外子謝宗榮老師和我所拍攝，少數則由友人李燦郎和黃冠綜所提供；也感謝台南以成書院杜潔明院長熱心幫忙，借調院生蔡長富所拍攝台南孔廟拔智慧毛的珍貴畫面；同時也感謝外子謝宗榮老師，內舉不避親，答應為我撰寫這本書的推薦序。也感謝本書的封面設計柳佳璋和內頁美編設計李岱玲的幫忙，讓本書得以美輪美奐、圖文並茂的方式呈現出來。

感恩有台灣這塊豐厚的民俗寶地，孕育著珍貴的風土民情，讓我得以瞭解與學習，甚而有善因緣得以研究撰寫與分享出來。

李秀娥

寫於台北內湖．耕研居

2020年歲次庚子．立秋

目錄

問「求功名考運」

問「求子」

問「求平安團圓」

問「求壽」

問「求神明指引」

問「喪禮的禁忌」

前言

問俗百種求解釋疑

本書以台灣民眾日常生活最息息相關的民俗生活題材為主，將民間盛行的生命禮俗與信仰習俗列為提問焦點，分別以問「求財（事業）」、「求功名考運」、「求姻緣」、「婚俗禁忌」、「求子」、「求平安團圓」、「求壽」、「求神明指引」、「喪禮的禁忌」等類別點題，總共列出一百個問題，再一一解答。另以一般人最常求問的問題，即希望獲得生命中各個成長階段與生命關卡的平安順遂與祈祝滿願，並針對這些日常生活息息相關的各種民俗提問，介紹其歷史典故、信仰儀式與相關禁忌，試圖為有興趣的讀者解惑。

●新竹古奇峰普天宮廟頂上碩大的關聖帝君像／謝宗榮攝

人們希望獲得富裕的生活，以避困頓的經濟條件，所以台灣民間發展出許多文財神和武財神的崇奉信仰與習俗，跟著普遍大眾求財的願望，也產生許多滿足民眾求財求錢母、金雞母、求財寶袋等的相關活動與習俗。

若有考試需求的學子和士子，則盛行一些求功名的信仰習俗，拜文昌帝君或五文昌等，或是拜魁星夫子、拜孔老夫子求智慧毛、智慧筆等，都是一些很有趣的習俗。要順利高中，則要準備相關的供品，蔥、蒜、芹菜等，又分別寓意聰明、會計算、勤快等，這也是華人文化所發展出來的特殊民俗信仰活動。

至於有求姻緣的人，則盛行拜月下老人，國內月老殿日益流行，媒體也爭相報導，每

●羅東爐源寺陳奶夫人護佑順產／李秀娥攝

家崇奉月老的相關祭品或求拜習俗也略有不同，國內媒體還盛行十大月老廟的排行，提供給有需要的民眾參考。婚配成功後，民眾也懂得感恩，會答謝喜餅，或贈送喜糖到廟方，好分享給其他民眾，一同沾沾新人的喜氣。

新人結婚期間，因為雙方來自不同家庭背景要聯姻結合成家，古代傳統也產生一些相關的民俗禁忌，避免沖煞，危害新人，所以有煞氣的生肖，如肖虎的，往往是避諱探望新娘房的，而新娘迎入門時，也為防「姑鬥」的閩南語諧音「孤獨」，有不好的兆頭，因此翁姑、小姑等都要暫時避開一下。

順利成婚後，人們最希冀的便是生得一男半女，加上傳統中國宗法社會的強調，所以台灣地區傳習的風俗，也是重男輕女的觀念，導致新人結婚後，承受傳宗接代的莫大壓力，因而民間也發展出因應求子的許多習俗，如到寺廟求取紅花（想生女者），或是求取白花（想生男者）；或是元宵時到寺廟卜筶求取神明的指示，想生女者（求紅燈籠），或想生男者（求藍燈籠或黃燈籠），皆可祈求；也有元宵鑽燈腳，好求得生男嗣好兆頭等風俗；也有求道教法師幫忙行「栽花換斗」儀式，好如願生兒育女。

組成家庭後，往往也希望超自然的神明和祖先可以庇佑平安團圓，所以在日常的祝禱中，也會希求獲得神明的特別庇佑，而有祈求神明平安符、香火袋、信物隨身保平安等習俗。三元節或特殊節日祭拜中，也強調拜湯圓，以湯圓圓滿的形狀，祈求帶來闔家團圓，圓圓滿滿的美好願望。

民間還盛行補運習俗，好脫去厄運換來運途順遂，道教信徒還有年頭補年頭運，年中補年中運，年尾補年尾運的說法。其中漳州人後裔年中吃「半年圓」的時節，也正是補年中運的好時節。

民眾的諸多願望中，期望獲得長壽、延壽者，也比比皆是，否則有諸多榮華富貴也享用不到。所以民間也因應產生許多祝壽的習俗，傳統習俗未滿五十歲者，無法稱壽，以前只能過小生日，必須滿虛歲五十歲，才能做壽，有六十歲的小壽，七十歲的中壽，八十歲的大壽，而長命百歲的人瑞，又能子孫滿堂者，往往被眾人所稱羨。也因此，民間以各式食材或錢幣所製作成的壽龜或金錢龜，便深受民眾所喜愛，而有乞龜還龜之俗。

道教北部正一派儀式中，又有祝燈延壽的科儀，祈請燈光普照大天尊等，祝願信眾元辰光彩，消災延壽，也是民間宮廟中每行建醮所必行的科儀，關乎許多信眾祈求延壽賜福的願望。而民間盛行為壽星送祝壽賀禮，也發展出許多美好的賀詞，如壽比南山、萬壽無疆、松柏長青、松鶴延齡等，而民間也往往會以眾仙齊赴王母娘娘的蟠桃會，來搬演祝壽的扮仙戲。

當人們在生活與工作過程中，可能遇到各種困境或挑戰，或是疑難雜症之頑疾，導致家庭一時陷入困境，因而有信仰的人，可能會尋求宗教方式的協助，而有「求神明指引」的相關信仰和習俗的產生，其中如何卜筶、如何求神明的信物、如何求神明的中甌茶、什麼是神明的「爐丹」、什麼是神明信物所做的「藥引」等等，都是有傳統宗教信仰行為的民眾所熟悉的。

而民間也盛行求籤詩指引，籤詩又有一般的運籤、藥籤之別，一般運籤中又有特殊的籤王（籤頭）、籤尾之別，或是上上籤和下下籤之別。藥籤則有成人科藥籤和小兒科之別，都是因應民眾的需求而設。

此外，要進入神明神聖的殿宇，又有何基本的禁忌需要遵守，這也是一般信眾所必須瞭解的，才不會因為不瞭解而誤觸禁忌，導致無意中破壞廟宇中神聖的法器或法物，以免遭致不祥。民間常強調月經期婦女、坐月子者（入產房者）、家有喪事者，這三類人在傳統觀念中被視為不潔的，盡量不要踏入廟中，最好避免碰觸神聖的法器或物品。

上述中又以喪事的不潔最為嚴重，而台灣民間也相對的產生出有關喪禮的禁忌，諸如陰曆七月最好不要辦喪事，白包的奠儀又要怎麼包才符合禮數？為何參加喪禮後，要以淨符水淨身？為何喪禮結束前要過火除穢？喪禮結束後的平安宴，為何又稱「散筵桌」？為何吃了「散筵桌」，還要給前來幫助的親友，一戶一份散筵（緣）金？若對上述這些民俗問題感到好奇，靜靜閱讀本書，當會獲得釋疑。

問「求財（事業）」

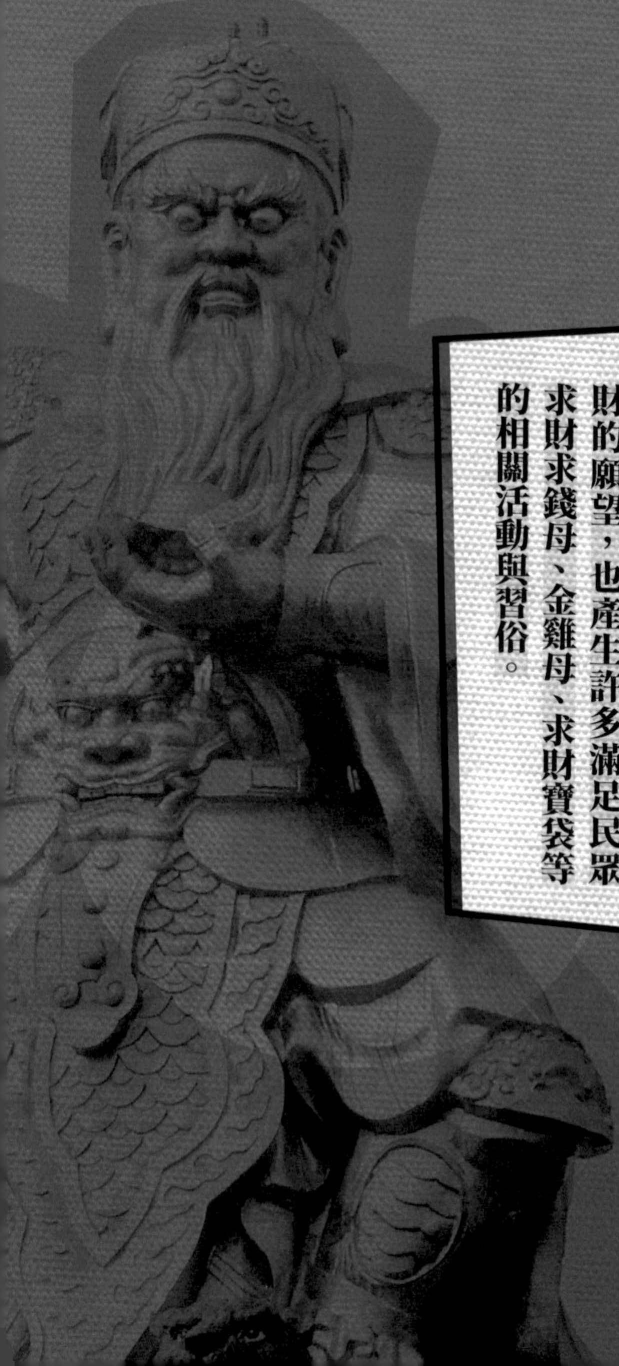

人們希望獲得富裕的生活，以避困頓的經濟條件，所以台灣民間發展出許多文財神和武財神的崇奉信仰與習俗，跟著普遍大眾求財的願望，也產生許多滿足民眾求財求錢母、金雞母、求財寶袋等的相關活動與習俗。

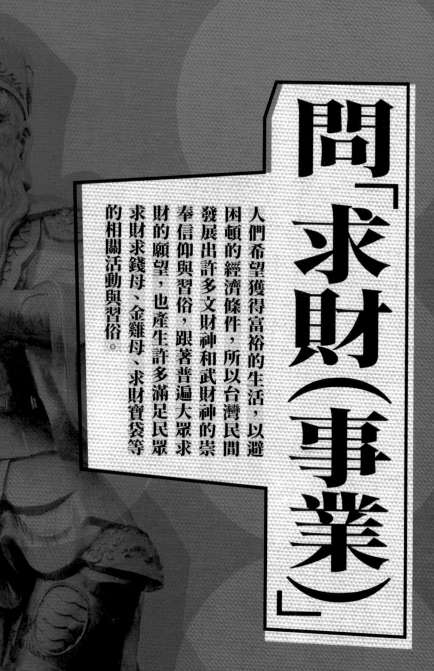

1．雖然努力工作賺錢，為何還需要祈求財神爺降臨？

答 人生在世，儘管從事各種行業，往往希冀能夠過著幸福、康樂的生活，但又由於對未來生活欠缺安定感、充滿不確定性，所以有些人只好透過信仰的途徑，以獲取精神與心靈的寄託。國人自古以來期望「財、子、壽」三種人生的幸福境界，其中財源滾滾便居首要之位；其次，才是子嗣的傳衍和壽年的綿長，所以「財、子、壽」三仙往往是廣受民間百姓喜愛祈求賜福的神明。其中更以位居首要祈願地位的財神信仰，最為盛行。民間俗諺：「人兩腳，錢四腳。」即用來表示兩隻腳的人類很難追上四隻腳的錢，得加倍努力才行。另有民間俗話常說：「時也，運也，命也。」也在告誡人們，即使平常努力工作奮鬥，但是有時候運道不好，若逢天災人禍等波折，也會有事倍功半的感受，甚至徒勞無功，白忙一場，所

●矗立在廟頂的財子壽三仙／謝宗榮攝

以除了以日常辛勤的努力為基礎外，也要透過祈禱的力量，尋求神祕的超自然力量的輔助，因而民間會有祈求財神爺降臨的需求，期望相關的財神爺慈悲賜予財富、改善生活品質與條件，使得居家富庶康寧、繁榮亨達。

●彰化芬園張天師府武財神趙公明／李秀娥攝

1-1．你知道民間俗信吃芋頭可以找到好工作嗎？

答 人們為了能夠在日常生活與工作中，獲得穩定的經濟基礎，往往會透過敬獻供品祈求神明和祖先的特別庇佑，庇佑身體健康、事業順利、財源廣進、鴻圖大展。在祈求事業運途上，有的則透過卜筶求運籤，請神明就個人或公司創業上事業運途發展指點迷津。而台灣的傳統民間習俗，則時常習慣透過諧音所帶來的吉祥兆頭，來比喻相關的運程。所以古來民間習俗就流傳有一句簡單的閩南語俗諺：「吃芋找有好頭路」，意思是說多吃芋頭，就可以帶來好的工作運途，讓人們都能幸運地獲得很好的工作機會，可以一展抱負，事業運途也會跟著興旺起來。

●陪嫁品中有蓮蕉花和芋欉，意寓新婚夫婦將來可以連招生子繁衍子孫／謝宗榮攝

而且在民間的菜價中，芋頭比地瓜的市價高出許多，古代社會中窮人一般只吃得起地瓜，芋頭是有錢人在吃的食品，所以可以常吃芋頭的也是比較富有的人。「吃芋找有好頭路」此觀念傳衍到婚俗中時，新娘所攜帶的陪嫁品中，也要有芋頭和蓮招芋（蓮蕉花和芋欉）這兩項，前者是希望帶給新婚夫婿將來能夠找到好頭路、好工作的吉祥兆頭；後者則是取新娘嫁入後，將來能為夫家帶來「蓮」（連）招生子、繁衍子嗣的好兆頭。

1-2 ‧ 你知道民間俗信柿子可以帶來事事如意嗎？

答 民眾在日常生活與工作中，往往希望透過神明和祖先的慈心護佑，獲得美滿幸福的生活，與富足的經濟資源，所以祈求闔家康泰、事業興旺，與一切平安如意、順心圓滿的祝願，便顯得很重要。所以，人們在日常的祭拜中，也會特別供奉柿子來敬獻神明和祖先，此有因為柿子的發音與國語的「事」同音，而取其「事事如意」、「事事和諧」、「事事平安」之意。民間的工藝師也為此而設計出以柿子為造型的吉祥工藝品，例如

● 雙柿小吊飾，意有帶來事事如意的好兆頭／李秀娥攝

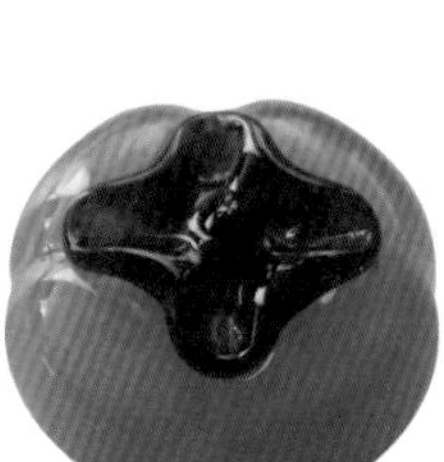

● 琉璃柿子為象徵事事如意的吉祥工藝品／李秀娥攝

● 陪嫁品中左邊為芋頭，意寓新郎可以有好工作、好事業／謝宗榮攝

● 民間俗信常吃芋頭意寓可以找到好頭路、好工作／李秀娥攝

琉璃柿子，供人收藏與把玩。也有一般商販推銷以雙柿為主的可愛小吊飾，讓民眾配戴在包包或背包上，此皆有讓事事如意等吉祥兆頭時常降臨身邊之美意。

2．財神爺是怎麼來的，究竟祂是誰？

答 財神信仰在中國地區流衍甚早且廣，而台灣地區自明清以來，許多閩、粵籍（福建、廣東）的移民也將原鄉的財神信仰帶入台灣這塊新的移居地。許多行業的信眾，為了期望事業興隆，除了各自供奉各種行業專屬的守護神外，也會特別供奉財神或奉祀財神，希望透過虔誠的敬獻供品與金紙，祝禱於財神，財神也能因此而特別庇佑該名信眾的事業興隆與財運興旺。

財神爺種類很多，不是單一的神

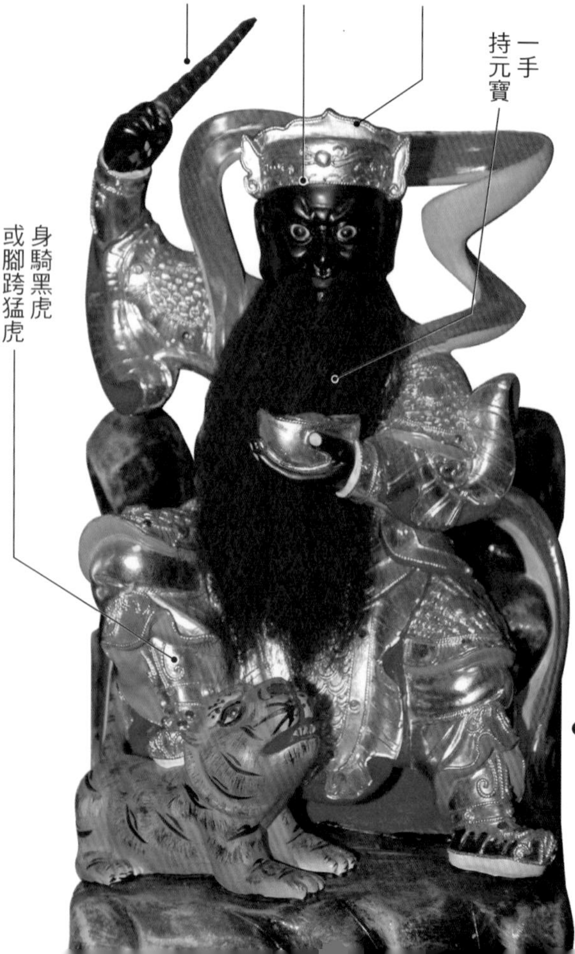

●基隆慈雲寺武財神趙公明玄壇爺／謝宗榮攝

祇，民間習俗流傳的財神爺，還有分為文財神和武財神。有的文財神就是一位，例如比干、范蠡、福德正神（土地公）等皆是屬於文財神；另有武財神，例如關聖帝君（關羽）、玄壇爺趙公明、五路財神和八路財神等皆是屬於武財神。趙公明為五路財神之首，祂即是中路財神，掌管東路、西路、南路、北路、中路等五路財神。八路財神則分屬八位財神，封號皆不同，可參考下列「八路財神」的說明。

3．財神爺不只台灣有？不同宗教也求財神？

答 由於現代社會早已進入工商業繁忙的經濟狀態，民眾求財的願望也屢屢呈現在社會各個角落，不同宗教也有各類財寶神和向其祈禱賜財的儀式，如密教有位象頭財神，被尊稱「大聖歡喜自在天」或「歡喜天」，若有仁波切來台往往會對信眾施行財神灌頂法會，藏傳佛教的財神本尊為黃財神，名「藏拉色波」，為諸財神之首，其又化身五色財神，即黃財神、紅財神、白財神、藍財神、綠財神，分別為其意、

●歡喜天圖／引自《趣味の仏像》，日本國立國會圖書館藏

口、身、福業、功德所化；而藏傳的財寶天王黃財神，亦即佛教顯教四大天王中的毘沙門天王，又稱多聞天王，手持寶鼠，被視為財神或福神；台灣現代由美國德州傳入的「光的課程」靈修團體則習慣向綠寶石光的上師，祈求此光的照臨，並賜予創意點子、溝通能力與財富降臨。而中國和台灣的民眾都非常尊崇可帶來財富的財神爺，故財神多為生意人所崇奉，許多道教和民間信仰的信眾有祭祀財神（財神爺）的信仰習俗。

4．台灣有好多財神爺，為何又有「文財神」、「武財神」之分？

答 中國和台灣的民眾都非常尊崇並信奉可帶來財富的財神爺，尤其以生意人居多，但許多信眾雖有祭祀財神或財神爺的信仰習俗，卻普遍不知財神或財神爺的由來，或者祂究竟為誰？其實，國人所崇奉的財神有「文財神」和「武財神」之分。傳說中的文財神有比干、范蠡、土地公（福德正神）；而武財神有關聖帝君（關公）、趙公明（玄壇元帥）。民間也有五路財神和五路神的崇拜，近幾年台灣又有八路財神的崇奉，這些財神為各地區各行業的信眾所分別供奉。此外，民間有的也將漢朝的韓信將軍視為財神爺之一。

4-1．哪些是文財神？

答 傳說中的文財神有比干、范蠡、土地公（福德正神）。以下分別敘述其傳說故事：

1／比干

在漢代《史記．殷本記》中記載的說法是：比干為商紂王的叔父，為人忠耿正直。比干見紂王荒淫失政，暴虐無道，十分著急，常常直言勸諫。紂王不但聽不進去，而且越來越討厭這位叔父，再加上妲己在一旁使壞，有一次比干強諫，諫得紂王大怒，道：「我聽說聖人的心有七個竅，今天我倒要看看你的心是不是七個竅！」說完叫人當場把比干剖開了胸膛，挖出心來看看是真還是假。

民間傳說比干當時怒視紂王，自己將心摘下，扔於地上，走出王宮，來到民間，廣散財寶。他雖然沒了心，但因吃了化妝為老翁的姜子牙送給他的靈丹妙藥，並不曾死去。因為沒了心，也就無偏無私，辦事公道，所以深受人們的愛戴與稱讚。當時，在比干手下做買賣者，都沒有心眼兒，大家公平交易，誰也不會坑騙誰。自

● 艋舺龍津宮文財神比干／謝宗榮攝

古道：「無商不奸！」把比干這位童叟無欺的正派君子，當作財神，當然人人是敬服。[1]

另一種傳說是：比干為商代紂王朝中的忠臣，因為得罪了紂王的寵妃蘇妲己，妲己便心生一計想要除去比干，而聲稱自己生了一種怪病，需要七巧玲瓏心做為藥引才能治療，而這種心只有比干才有，紂王愛妃心切，便要比干奉獻他的玲瓏心，比干無奈只好挖心而亡，因其生性正直無私死後在封神台上被封為人間最受歡迎的「財神」。[2]

2／范蠡

范蠡為春秋時期越國人，原本是越王句踐的大臣。范蠡足智多謀，為處於低潮期的越王句踐出了不少好主意，最後幫助越王打敗吳王，成就了霸業。但在句踐大賞功臣時，單單少了范蠡，因為范蠡有先見之明，隱姓埋名逃到別國去了。臨走前他還給好友文種（另一個謀臣）寫了一封信，提醒他：「高鳥已散，良弓將藏；狡兔已盡，良犬就烹。夫越王為人，長頸鳥喙，鷹視狼步，可與共患難而不可共處樂，子若不去，將害於子。」可惜文種不信，終成劍下之鬼。

傳說范蠡後來逃到齊國，經營農業和商業，非常成功，發了大財。三次發財，都把所得之財分散給窮困的朋友和疏遠的親戚，一生將金錢二字看得很淡薄。最後積了一筆大財，在陶邑定居下來，自號「陶朱公」。另有說是因為他是逃出來的，因而取「陶」姓，因曾任高官，常穿紅袍，故名「朱」，位居公爵，故稱「陶朱公」[3]。他能發財致富又散財捐助親友，被視為「文財神」也是當之無愧。

3／土地公

土地公古稱后土、社神、社公，後來民間尊稱為「福德正神」，閩南人俗稱為土地公，另有稱為土地、老土地、福德爺、社伯、土地公、土伯、土地老爺、土地爺爺等；而客家人則稱為伯公。原為古之社神，執掌土地行政、農作豐收，故崇祀普遍，而有「田頭田尾土地公」之諺；亦為墓地之主，掌領其地。後來由於「有土斯有財」的觀念，許多農作物由土地生產而來，因此土地能帶來財富，以致其職能由一方土地之神，拓廣到能庇佑財帛興盛的財神。土地公多戴員外帽，一手執元寶或如意，一手執拐杖，為白鬚的慈祥老人狀，常奉祀於土地廟（福德祠）中。

每月陰曆的初一、十五為祭祀土地公之日，民間做生意者多於陰曆初二、十六「作牙」之日祭拜，祈求生意興隆。民間甚至

1．馬書田，1993，《華夏諸神・俗神卷》，台北：雲龍出版社，頁43－44。李秀娥，2019，《迎神台灣：圖解信仰儀式與曲藝陣頭》，台北：帕斯頓數位多媒體有限公司，頁85。

2．洪進鋒，1993，《臺灣民俗之旅》，台北：武陵出版，頁145。李秀娥，2019，《迎神台灣：圖解信仰儀式與曲藝陣頭》，台北：帕斯頓數位多媒體有限公司，頁85。

3．馬書田，1993，《華夏諸神・俗神卷》，頁44－45。李秀娥，2019，《迎神台灣：圖解信仰儀式與曲藝陣頭》，台北：帕斯頓數位多媒體有限公司，頁86。

●南投市慶興宮福德正神／謝宗榮攝

●南投市鄉間古老的石頭土地公／李秀娥攝

流傳一句俗諺：「頭牙沒作，尾牙空；尾牙若擱沒作，就不襯像人」，意即奉勸世人必須注重土地公的祭祀活動，土地公才會時時庇佑。土地公生的大日為頭牙二月初二和中秋的八月十五日，八月十五日甚至要於農地上安插「土地公拐」，在竹杖上夾著土地公金（或四方金）奉獻，祈求土地公庇佑農作豐收。[4]

4-2．哪些是武財神？

答 武財神有關聖帝君（關公）、趙公明（玄壇元帥）。民間也有五路財神和五路神的崇拜，台灣後來又有八路財神的崇奉。

1／關聖帝君

關聖帝君，姓關名羽，字雲長，三國時人。正史有載而《三國演義》流傳民間，強調其與劉備、張飛桃園三結義，驍勇善戰，義薄雲天。壯烈成仁後，諡為壯繆侯，民間逐漸崇奉；至宋朝始封為真君，其後歷朝加封，入清之後，清廷推崇其忠義精神，始被尊為「關聖帝君」、「文衡聖帝（君）」。民間則特重其義氣，尊稱為關公、關帝爺、武聖、伏魔大帝、協天大帝、山西夫子、關夫子。道教視為護壇官將，為三十六官將之一。佛教尊稱為伽藍尊者，而鸞堂則奉為三恩主（關聖帝君、孚佑帝君、司命真君）、四恩主（三恩主加上孔明先師）、五恩主（三恩主再加上王靈官、岳飛元帥）之一，而為儒宗神教門徒所特別崇奉。此外，祕密結社強調幫派兄弟之義氣，故特別崇奉。關聖帝君講義氣，也為警界所推崇。民間則逐漸將之轉型成為武財神之一，故為求財富的生意人等所崇奉，香火頗旺。[5]

2／趙公明

趙公明為道教神祇，說其為上天皓庭宵度天慧覺昏梵炁所化生。姓趙，名朗，字公明，終南山人氏。自秦時避世山中，虔誠修道。漢代張道陵張天師入鶴鳴山精修時，收之為徒。並使其騎黑虎，守護丹室。張天師煉丹功成，分丹使趙公明食之，遂能變化無窮，形似天師。張天師命其守玄壇（道教齋壇），趙公明因而被天帝封為「正一玄壇趙元帥」，故又稱其為趙玄壇。因其身跨黑虎，故又稱「黑虎玄壇」。[6]

4．李豐楙、李秀娥、謝宗榮，2000，《文英館藏臺灣宗教文物分類圖錄》，台中市：台中市政府文化局文英館，頁43。

5．馬書田：《華夏諸神．俗神卷》，頁52。李秀娥，2019，《迎神台灣：圖解信仰儀式與曲藝陣頭》，台北：帕斯頓數位多媒體有限公司，頁88。

6．馬書田，1993，《華夏諸神．俗神卷》，頁45。李秀娥，2019，《迎神台灣：圖解信仰儀式與曲藝陣頭》，台北：帕斯頓數位多媒體有限公司，頁89。

● 士林慈諴宮關聖帝君／謝宗榮攝

● 被民間視為武財神的關聖帝君／謝宗榮攝

● 草屯敦和宮矗立廟頂的銅塑武財神玄壇爺／謝宗榮攝

趙公明的傳說早在晉代干寶所撰的《搜神記》卷五中就有記載：「上帝以三將軍趙公明（趙公明，溫鬼名，又五方神名，見《真誥》）、鍾士季，各督數鬼下取人」[7]。在此時趙公明尚為瘟鬼，統領數鬼，是對人間行瘟使人的疫疾之神。又梁代陶宏景所撰《真誥．協昌期》中記有：「天帝告土下冢中直氣五方諸神趙公明等」[8]，也是說明此時的趙公明尚未被奉為財神，而屬於五方神。

趙公明要一直到明代的《封神演義》裡才被正式封為財神，而其形象則是源自元明間的《三教源流搜神大全》卷三〈趙元帥〉：頭戴鐵冠，手執鐵鞭者，面色黑而鬍鬚者，跨虎者。昔漢祖天師修煉仙丹，龍神奏帝請威猛神吏為之守護。由是元帥上奏玉旨，授正一玄壇元帥。部下有八王猛將者，以應八卦也。有六毒大神者，以應天煞、地煞、年煞、月煞、日煞、時煞也。五方雷神、五方猖兵，以應五行。二十八將，以應二十八宿。天和地合二將，所以象天門地戶之闔辟。水火二營將，所以象春生秋煞之往來。驅雷役電，喚雨呼風，除瘟翦虐，保病禳災。如訟冤伸抑，公能使之解釋公平，買賣求財，公能使之宜利和合。但有公平之事，可以對神禱，無不如意。[9]

而在《封神演義》中的趙公明，則有另一番情節：姜子牙協助武王伐紂，峨眉山道仙趙公明助商，五夷山散人蕭升、曹寶助周。交戰，各行道術。公明將縛龍索、定海珠祭於空。蕭升將落寶金錢向空拋擲，索珠隨錢墮地，即被曹寶搶去。公明奔回商營。子牙束草像人，上書趙公明三字，築台置之。親自披髮仗劍，焚符念咒，向台叩拜，每日兩次，至二十一日，取桑弓桃劍射草人兩目及心坎。公明在營，初則恍惚不安，沉迷昏睡，至是舉聲大喊，頓時氣絕。周克商後，子牙往昆崙山玉虛宮，請得元始天尊玉符金冊回岐。祭封神台，敕封陣亡忠魂。乃封趙公明為「金龍如意正一龍虎玄壇真君」，統帥招寶天尊蕭升、納珍天尊曹寶、招財使者喬有明、利市仙官姚邇益四神，迎祥納福，追捕逃亡。[10]

此外，五路財神、八路財神也是武財神之一。請參見下文說明。

---

7 • 呂宗力、欒保群，1991，《中國民間諸神》（下冊），台北：學生書局，頁727。

8 • 呂宗力、欒保群，1991，《中國民間諸神》（下冊），頁727。

9 • 呂宗力、欒保群，1991，《中國民間諸神》（下冊），頁728。李秀娥，2019，《迎神台灣：圖解信仰儀式與曲藝陣頭》，台北：帕斯頓數位多媒體有限公司，頁90。

10 • 呂宗力、欒保群，1991，《中國民間諸神》（下冊），頁729。李秀娥，2019，《迎神台灣：圖解信仰儀式與曲藝陣頭》，台北：帕斯頓數位多媒體有限公司，頁90。

5．五路財神、八路財神，到底怎麼分？

答 民間一般多喜崇奉各種財神爺，以為供奉財神可帶來財富，而生意人又特別崇奉。也有信眾特別崇奉五路財神（另有五路神），並為各地區各行業所分別供奉。根據民間小說《封神演義》記載，趙公明被封為「金龍如意正一龍虎玄壇真君」，率領其部屬招寶天尊蕭升、納珍天尊曹寶、招財使者喬有明（一說陳九公）、利市仙官姚遜益（或稱姚少司），合稱為「五路財神」。趙公明的塑像多為威猛的武財神狀：頭戴鐵冠，手執鐵鞭，面部黝黑多長鬚，座下跨虎。故祈求財富、事業興隆的信眾多所崇奉與祭祀。民間崇奉財神時，多會在周圍獻上聚寶盆、大元寶、珠寶、珊瑚等珍奇供品。[11]台灣民間也盛行求財時，焚化印有五路財神神像的五路財神金。有說中路財神玄壇爺趙公明，東路財神財寶天尊，南路財神招財使者，西路財神納珍天尊，北路財神利市仙官。

五路財神雖然也被視為五路神，但在古代五路神並不等於上述的五路財神，而是指路頭、行神。清人姚福均謂：「五路神俗稱財神，其實即五祀門、行、中霤（按：少了戶、竈）之行神，出門五

● 桃園護國宮五路財神／李秀娥攝

● 松山霞海城隍廟五路財神／謝宗榮攝

路皆得財也。」民間以正月五日祀五路神，所謂五祀，《禮記．曲禮下》中「祭五祀」鄭玄注云：「戶、竈、中霤、門、行也。」顧祿的《清嘉錄》謂此曰：「為路頭誕辰，金鑼爆竹，牲醴畢陳，以爭先為利市，必早起迎之，謂之接路頭」。在中國農村地區所謂的五路神，通常是指土地爺、馬（牛）王爺、仙姑、財神

11．李豐楙、李秀娥、謝宗榮，2000，《文英館藏臺灣宗教文物分類圖錄》，頁47。

● 財神聖誕信眾敬獻的摺紙金元寶／謝宗榮攝

● 松山霞海城隍廟財神聖誕祝壽法會／謝宗榮攝

● 八路財神金／謝宗榮攝

● 五路財神金／謝宗榮攝

爺和灶王爺等五位民間俗神。[12]

八路財神以前較少為人所知，但後來由於台灣民間有人大力推行販售八路財神金，所以八路財神才逐漸為民眾所認知。所謂八路財神包括天寶財神、彌勒財神、錢袋財神、武官財神、財寶天尊、納珍天尊、招財使者、利市仙官等八位。目前民眾在開市敬祀財神時，也會燒化印有八路財神神像的八路財神金，以祈求八路財神庇佑招財進寶，帶來財源廣進。

有的廟宇的八路財神系統不同，分別為關聖帝君、比干、趙公明、福德正神、財寶天尊、納珍天尊、招財使者、利市仙官等八位。

● 艋舺龍津宮八路財神／謝宗榮攝

12 • 馬書田，1993，《華夏諸神・俗神卷》，頁50。李秀娥，2019，《迎神台灣：圖解信仰儀式與曲藝陣頭》，台北：帕斯頓數位多媒體有限公司，頁91。

● 山東濰縣楊家埠年畫「劉海戲金蟾」之二／引自《濰縣楊家埠木版年畫古版全色稿選編》，頁 13

● 山東濰縣楊家埠年畫「劉海戲金蟾」之二／引自《濰縣楊家埠木版年畫古版全色稿選編》，頁 12

6．動物神也會招來財富？

答 台灣民間相信有些動物或動物神會帶來財富，如三腳蟾蜍（劉海戲金蟾）、虎爺錢鼠咬錢（故不打錢鼠）、金雞母。供虎爺求財，是因為民間俗信虎咬錢，故供以錢水，以一圓缽，內裝清水，放入錢幣，民眾可以自己的錢幣向虎爺的錢水內換取招財的錢母。也有的廟只提供換取的錢母，而不加清水。至於供金雞母，則有取金雞母會下金蛋生小金雞，皆被視為帶來好財運，如逢生肖屬雞的年，例如民國九十四年屬雞年，更被視為「金雞報喜」、「雞年行大運」好年份。

民間另有俗諺「貓來窮，狗來富」（最好是黃狗，顏色與黃金相同），但是也有不同說法的俗諺：「豬來貧，狗來富，貓來起大厝」。又由於台灣與日本貿易往來頻繁，受到日本文化的影響，近數十年來民間商家則有盛行擺放招財貓的習俗。

在以金雞母、金雞報喜的求財習俗中，又以南投竹山紫南宮的求財求錢母，一包六百元，許願後，日後發財了再來

● 內湖逍遙道壇可愛的虎爺／李秀娥攝

還幾倍的錢母之風俗蔚為全台盛行。該廟亦有卜筶求金雞母的活動，若求成功後，一隻金雞母答謝金三千六百元，即可請走金雞母回家安奉，土地公會庇佑該信眾財源滾滾，日後神明生時，再備供品前來答謝過爐，民眾對此俗也是趨之若鶩。

身處現代工商社會的民眾，亦有不同宗教各類財寶神和向其祈禱賜財的儀式，如密教，被尊稱為「大聖歡喜自在天」或「歡喜天」的象頭財神，或藏傳的財寶天王黃財神，被視為財神或福神。

近數十年台灣的命理師因與中國大陸較常互動往來，而逐漸推行古代招財神獸貔貅，傳說這種神獸沒有肛門，只進不出，象徵不會洩財，而可聚財，所以傳自中國大陸的貔貅便被視為招財神獸了。

「貔貅」：「猛獸名。《史記．五帝紀》：『教熊羆貔貅貙虎，以與炎帝戰於阪泉之野』。注：《爾雅》云：『貔，白狐。』」[13]貔貅作為像白狐

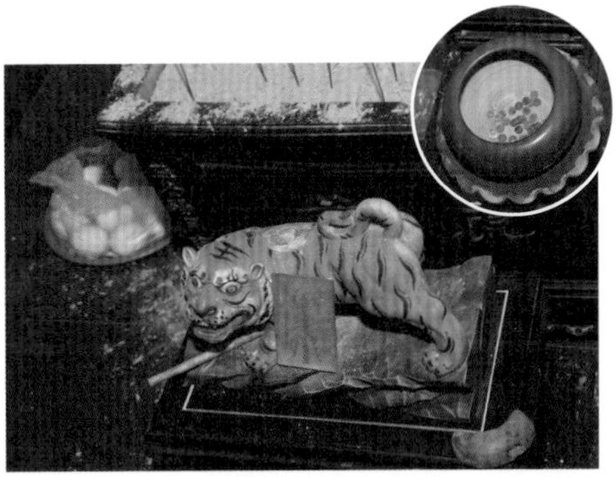
● 桃園護國宮賜財驅邪的虎爺與錢母缽／李秀娥攝

● 台北內湖普恩宮虎爺龕／李秀娥攝

● 石碇伏虎宮賜財驅邪的虎爺／謝宗榮攝

13 • 熊鈍生主編，1980，《辭海》，台北：台灣中華書局，頁41、49。

● 台南市興濟宮下壇將軍虎爺／謝宗榮攝

的神獸，曾幫助古代帝王作戰。後來民間傳說貔貅作為猛獸，擅長鎮宅辟邪，又因沒有肛門，「只進不出」，所以被傳衍為可以聚財。[14]

此外，也有說貔貅為龍生九子之一，又傳說古代姜子牙有一回在路上遇見貔貅，知牠為凶猛的神獸，便用他師父教導的咒語制服貔貅，並運用牠打勝許多仗，紂王為此很高興，而封給貔貅「雲」的封號，民間則稱其為「雲豹」。又因牠每天吃很多肉，卻沒有肛門，不會排泄，只有汗腺分泌出許多奇香，因此民間將之視為可聚財的招財神獸。貔貅經漢武帝劉邦命名為「帝寶」，是皇室專用之物，用於王陵門口、書房或內務庫門口；也有稱「天祿」，是天賜福祿之意；另有稱「辟邪」，有一對翅膀，可吞食各種猛獸邪祟精怪，故稱「辟邪」[15]。所以作為兼具辟邪化煞招財功能的神獸，貔貅也廣受台灣民眾所歡迎。

7・財神爺來不來，風水也能知道？

答 有些命理師受到西方水晶能量磁場的觀念影響，而對民眾推崇黃水晶、紫晶洞的聚財法，有的則以近圓形的黃色結晶礦石，上下剖開可蓋合當成公司或居家財位的聚寶盆；或是推行五色寶石（綠、紅、黃、白、黑）搭配木、

● 來自中國的聚財貔貅／李秀娥攝

● 傳說貔貅沒有肛門，象徵只進不出可以聚財／李秀娥攝

● 裝飾漂亮的發財樹深受人們所喜愛／謝宗榮攝

14・李秀娥，2004，〈辟邪神獸的類型與意義〉，謝宗榮主編：《驅邪納福——辟邪文物與文化圖像》，宜蘭：國立傳統藝術中心，頁63。

15・貔貅，參考自百度文庫。

● 來自中國的貔貅可聚財辟邪／李秀娥攝

● 傳說貔貅沒有肛門，只進不出，被視為可以聚財辟邪／李秀娥攝

火、土、金、水的原則，取其木生火、火生土、土生金、金生水，利用五行相生相循的原理，強調黑屬水，水主財，加上水流煙霧不斷滾動的作用，造成財源滾滾的意象與其取不斷招財的好兆頭。民間數十年來也推行在家中或公司行號內擺放多種名為「發財樹」的植物，在圓形葉片的植物上又處處繫著紅色的蝴蝶結，有吉祥求財招來好運道的意義，也有另一種盛行的發財樹，其實就是常綠的川七，常被安置於店家門口或各種營業場所的門口或店內一隅，有象徵錢財客源川流不息之意。

貔貅一般被視為可以避邪鎮宅、化煞、旺財三大功用，近年逐漸推行的古代招財神獸貔貅，傳說這種神獸沒有肛門，只進不出，象徵不會洩財，而可聚財，便被視為招財神獸，民眾被鼓勵在家中擺設貔貅，可以達到旺財的效果。有些較具規模的公司門口，則為化煞與旺財作用，也會擺設巨大玉石雕刻的辟邪物——貔貅，總會因此吸引路人好奇的注目。

8．不要小看春聯與年畫，原來它們也可招財？

答 由於國人普遍重視求財賜福的期望，所以每逢陰曆過年春節來臨，為了祈禱新的一年有好的兆頭與好的財運，往往會在家庭、公司、工廠等場合加強招來財富的方法，如在大門張貼寫有「生意興隆通四海，財源茂盛達三江」的對聯，又或貼上單張菱形複合字「招財進寶」或「日日有見財」的斗方，或是將上述詞句直書成數個單字的春聯，也可寫上「黃金萬兩」、「日進斗金」、「恭禧發財」、「財源滾滾」等字樣，或是買著市面上販售的「財神到」、「五路進財」、「招財進寶」的五路財神神像年畫，張貼在門上或牆上，以利招財富貴的吉兆。

這種財神神像年畫，在古代因有番邦使徒進貢朝廷各種奇玩珍寶，或有番邦商人攜帶各種商品買賣，大發利市，故在中國大陸民間流傳的財神爺年畫，則也曾出

● 有日本招財貓圖案的「恭禧發財」春聯／李秀娥攝

● 集合多種招財複合字的春聯／謝宗榮攝

● 複合字的「招財進寶」斗方／謝宗榮攝

● 有卡通圖案「史努比恭賀新禧」的春聯／李秀娥攝

●商家張貼「開市大吉」的春聯／李秀娥攝

●五路進財神像春聯／李秀娥攝

現「西洋回回進寶」的圖樣，反應了不同國度商業交流，帶來商機與財源的實際狀態。而台灣目前民間已不流行傳統的套色版印年畫，又因現代印刷業的流行，而以現代印刷技術印製的財神爺、門神等年畫為主流，在新舊傳統交揉的二十一世紀中，仍可見到民間商家或民家所張貼的春聯、年畫中，有各種傳統意象的圖案，有趣的是在普遍求財的傳統圖案中，仍可見到少數雜揉著西方卡通圖案以及我國傳統的祝賀詞之春聯（如史努比恭賀新禧）、卡通化的招財貓與招財聚寶的春聯。

而傳統圖樣的財神年畫上面，則有位穿著中國古代文官長袍，腰配玉帶，頭上戴冠的財神，手持芭蕉葉，因芭蕉的「蕉」字閩南音同「招」，故有招財之意，身旁又有五位招財童子，簇擁著財神爺，或共同推著聚寶盆或推車，聚寶盆或推車內則有著各式珊瑚、珍珠、珍寶、奇玩、金元寶等。年畫上面可能寫著「財神到」、「五路進財」或「招財進寶」等字樣。而目前台灣民間仍流傳求財時所焚化的「五路財神金」，則印有五位身穿盔甲盔帽的武將裝束之武財神，金紙上面寫著「五路財神，日夜進寶」。

9．過新年迎新春，求財有撇步，但一些禁忌還是不能鐵齒？

答 傳統信仰的華人文化裡，對於過年新春期間的求財，有許多好兆頭的信仰習俗，但為了避免破財等不好的兆頭，或是在一年的起始就觸霉頭，也因此發展出許多民間的禁忌，老一輩多敦敦教導，囑咐晚輩務必要遵守傳統的禁忌，究竟在新春期間求財方面的禁忌又有哪些？請見以下提問的說明，便可明瞭。

9-1．歲末至年初忌諱討債或還債？

答 當陰曆十二月廿五日或是除夕夜圍爐之後，國人有忌諱討債或還債的古俗，據說歲末到新春期間，會有財神到人間賜福，如有討債還債之事，彷如把財神送走或福氣外流，會影響到未來一年的財運和福運，故人人忌諱有還債「破財」的壞兆頭。

9-2．新春期間忌諱掃地、倒垃圾？

答 除夕圍爐後到元旦、初三或初五期間，國人有忌諱掃地（尤忌向外掃）、傾倒垃圾、清洗糞尿桶（台語稱「挹肥」）、曝曬衣物（尤忌女性內衣物）等習俗，在台灣得到初六，才可「挹肥」。而這些禁忌是因為新春期間，天神（如玉皇上帝、天官、財神等）會到人間賜福賜財給百姓，唯恐對外傾倒不潔的垃圾糞尿或曝曬有經血污染的女性衣物等穢物，不慎污染了行經的天神，對天神不敬外，也恐將家中的福氣和財氣給外流了。至於忌諱掃地之說，是因掃帚有掃帚神，日常辛勞為我們清潔打掃一整年了，我們也該體恤祂的辛勞，在新春期間讓祂休息一下。不將鞭炮屑、垃圾往外掃，本有強調人不可自私自利的要求，而古人卻將垃圾轉化為財運、福氣的象徵，而勸誡世人要轉向家內方向打掃，有將福氣財運帶入家內之意。有段新年歌謠云：「一掃金，二掃銀，三掃聚寶盆；聚寶盆裡有個寶，子子孫孫用不了。」這便是國人將垃圾視為金銀財寶的具體寫照。

● 很受民眾歡迎的「財神到」春聯／李秀娥攝

9-3．歲末兜售財神年畫的禁忌？

答 台灣地區與中國大陸迎財神的時間略有差異，中國大陸有些地區是以大年初二為接財神的日子，而台灣地區習慣以陰曆正月初四為接神日，普遍習慣以大年初五為開市接財神的日子，但是民間仍會視每年農民曆上所揭示的適宜開市日，商家再擇吉日舉行新春開市。

以前歲末本會有販售財神爺年畫或紙像的小販四處推銷，倘若家裡已經添購了財神爺紙像了，當小販喊著：「送財神爺來了。」我們千萬不能說：「不要。」這樣就有把財神爺回絕往外推的嫌疑了，而要說：「已有。」

現代社會工商發達，台灣地區已不盛行傳統版印年畫，而多採印刷年畫、紙像和春聯，而且也少有小販出來沿街四處兜售財神紙像，往往都是由販售的小販設攤販，定點販售各式春節所需的裝飾品或年貨等，民眾再把財神紙像張貼在家門口或商店門口，有祈求財神賜財之兆。

9-4．新春拜土地公可求財？

答 由於傳統農業社會觀念「有土斯有財」，掌理土地農作豐收的福德正神土地公也被視為財神，一般民眾敬奉土地公多在每月陰曆的初一、十五，民間做生意者多於陰曆初二、十六「作牙」之日祭拜，祈求生意興隆。土地公生的大日，如八月十五日，有的會在農地上安插「土地公拐」，在竹杖上夾著土地公金（福金或四方金）奉獻，祈求土地公庇佑農作豐收。由於新春期間陰曆的正月初一、初二，即遇尋常敬奉土地公的日子，所以有些民眾便會擇正月初一

● 除夕及新春市售的財神爺及年貨／謝宗榮攝

或初二到福德祠或在家中以牲禮、水果敬奉土地公，有些則特別準備土地公發財金來獻敬，也有向土地公敬獻塑模製的金元寶，金光閃閃的，希望土地公能夠賜予財富。

9-5・商家開市迎祭財神需留意何事？

答 中國大陸地區民眾有些習慣在新春的大年初二接財神，而台灣地區的民眾則習慣在大年初四接神，俗語：「送神早，接神晚。」這有對上天述職的灶神或其他神明迎送的特定節日。有的台灣民眾會在正月初四日當天或晚上迎接財神，尤其是外省人，特別是還會吃水餃或餛飩，因其形狀類似元寶，更有帶來財富的意味。甚至還有外省人會在除夕夜吃水餃，裡面包有洗乾淨的錢幣，此有帶來財運的好兆頭。

至於台灣地區的商家，則往往習慣在新春大年初五至二十日期

●「開市大吉」春聯／謝宗榮攝

●迪化街中藥行開市拜財神的供品與金紙／謝宗榮攝

間，依照農民曆上記載的該年適宜開市的吉日，再擇期舉行開市的祭拜，虔備牲禮、果品、金紙等來敬拜財神，祈求財神賜予財源廣進、生意興隆。

有的商家會在招牌繫上紅綵，並會採購新春期間要張貼的春聯、財神爺的紙像，或是印有「招財進寶」、「日進斗金」、「黃金萬兩」、「開市大吉」、「利市大發」、「開張大吉」、「開工大吉」等字樣的吉祥春聯，來張貼在商家或工廠牆上，祈使財神爺降臨商家或工廠主家，讓該地財運亨通、通達四海。民眾因特別祈求五路財神賜財，所以敬獻的金紙則有五路財神金，此外也有生意人還開發八路財神金供民眾買來敬獻，而土地公為文財神，後來也有生意人開發土地公專用財神金等，各種財神金形形色色五花八門。

有些商家或公司行號會在開市日迎財神的祭拜燃放鞭炮，並發新春團拜紅包給員工，討個吉利，或是宴請親友聚餐喝春酒，也有的會來個新春大減價，優惠顧客，希望促成薄利多銷的效果。

10．發財金怎麼來？又有哪些種類的發財金？

答 原本傳統信仰觀念上，有土斯有財的土地公為文財神，又因田頭田尾土地公，是普遍為民間各鄉民所供奉的神祇，原本各地所用「土地公

● 福德正神發財金金紙／李秀娥攝

● 福德正神發財金的包裝封面／李秀娥攝

金」，即「福德正神金」，簡稱「福金」，後來也有生意人開發土地公專用財神金，稱為「福德正神發財金」或「福德正神財神金」等。

此外，民眾因特別祈求五路財神賜財，所以敬獻的金紙後來也衍伸出「五路財神金」，此外也有生意人還開發「八路財神金」供民眾買來敬獻，也因為有販售發財金金紙的商家與財神廟結合，在媒體上大肆廣告與宣傳，行之有年後，漸漸地其他地方的財神爺也因各廟宇的管理單位努力推廣財神爺的信仰活動，而求財又是廣大民眾所需，財神爺廣受民眾的崇奉，因此各式財神金也因此推陳出新。

11．如何跟神明求發財金當錢母？

答 有些廟宇因為擁有信眾捐獻的許多香油錢，廟方為了滿足有緣的信眾的求財願望，所以提供錢母讓民眾求取，或是卜筶成功的話，再去向廟方登記個人資料，若以求

● 草屯敦和宮新春摸元寶求財運／謝宗榮攝

● 竹山紫南宮新春求財的人潮／謝宗榮攝

1
2　3

1. 新春到中和烘爐地南山福德宮求財的人潮／謝宗榮攝
2. 信徒跟烘爐地南山福德宮土地公換錢母／謝宗榮攝
3. 桃園永福龍山寺的錢母缽／謝宗榮攝

1 3
2
4

1. 桃園永福龍山寺可賜財的土地公和土地婆／謝宗榮攝
2. 竹山紫南宮求得金雞母和求到錢母的人正在過香爐／謝宗榮攝
3. 桃園永福龍山寺信徒跪求財寶袋／謝宗榮攝
4. 竹山紫南宮金雞祈福詞／謝宗榮攝

錢母活動很興盛的南投竹山紫南宮而言，第一次聖杯求得錢母，均為六百元，倘若第一次未聖杯，再卜問依次遞減一百元，到卜得一次聖杯，若第六杯都無聖杯應允，則只好下趟再來卜問試運氣了。並且期間也可看到信眾許願發財後，願意還多少倍，再攜帶供品和金額前來還願答謝土地公的慈悲賜予錢母。[16]

由於紫南宮的求錢母活動相當靈應與興盛，民眾許願還願的人潮川流不息，經媒體報導後，更加絡繹不絕。有些廟宇香火錢充足的也競相效法，借予民眾數百元當錢母，再給民眾還願答謝。有的則是在廟宇內用一缽，裡面置放許多錢幣，並加水在裡面，成為「錢水」，此亦有「金錢如水」的富足象徵。

讓民眾依序排隊，以自備的零錢換取廟裡提供的錢幣，相互交換，將自己的錢幣投入錢水缽中，將來成為給別的民眾求取的錢母，再取缽中錢幣當自己的發財錢母，而因這些錢幣在宗教場合中，經過神明的加持作用後，讓虔心祈求的民眾換錢母回家，攜帶在身邊，去做交易或生意，象徵會因為錢滾錢，而帶來財源滾滾之兆。有的則是將錢母存入銀行或郵局的存款中，此有象徵神明會庇佑信眾積蓄累增之意。

竹山紫南宮除了提供讓民眾求錢母的服務外，還有提供祈福金雞（開運金雞）讓民眾祈求，倘若跟土地公、土地婆、石頭公稟求金雞母的用途後，卜得一聖杯應允，可到辦公室的櫃臺登記，繳交三千六百元，即可將開運金雞請回家擺在財位，每日敬奉茶水和一杯米，可以庇佑財源滾滾。此後，信徒下次到紫南宮時，再攜帶金雞回紫南宮過天公爐，增加靈力，可以持續庇佑信徒財源廣進。[17]

16・參考自竹山紫南宮網頁，服務項目「發財金、還金」。

17・參考自竹山紫南宮網頁，服務項目「祈福金雞」。

12．如何跟神明求財寶袋？

答 有些廟宇供奉有福德正神或五路財神的，會提供財寶袋供民眾祈求。若以桃園大溪永福龍山寺為例，可在福德殿前的財神處上完香後，稟明姓名地址，跪著卜筊請示神明同意與否，若有卜得一聖杯，即表示土地公應允賜予財神寶袋。

再到一旁辦公室告知廟方工作人員，繳交祈取財神寶袋應付的三百元後，換得兩張收據，一張在香爐前或金爐裡焚化，稟告上天，一張作為自己留存的收據。該廟財神寶袋內填裝物很豐盛，有金元寶一錠、十二生肖厭勝錢、五個五帝錢、五色彩石。象徵神明庇佑賜與財源滾滾之好兆頭。財寶袋攜回家中後，可奉在家中的財位或聚寶盆中。

● 桃園大溪永福龍山寺山門／謝宗榮攝

● 桃園永福龍山寺賜予財寶袋及袋內的寶物／李秀娥攝

● 作者在大溪永福龍山寺跪求財寶袋／謝宗榮攝

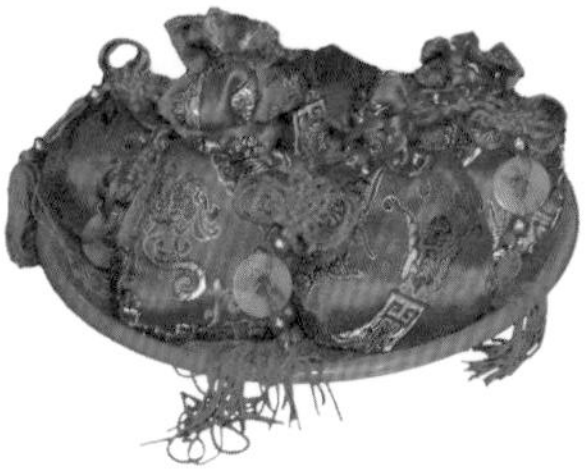

● 桃園永福龍山寺提供財寶袋供信眾祈求／謝宗榮攝

袋袋滿滿金銀財
寶山吉吉是福地
神威赫赫保全台
財源滾滾入厝來

● 桃園永福龍山寺財神寶袋藏頭詩／謝宗榮攝

● 求得財寶袋後在天公爐焚化疏文／謝宗榮攝

問「功名考運」

從傳統社會的科舉考試，到現代學校、公務員等考試，求功名考運的神明，特別受到讀書人的重視。

13．求功名、考運要拜什麼神？

答　清代以前傳統社會非常重視科舉考試，士人往往希望求取功名，將來在朝廷任職，也可光耀祖先，照顧鄉里，為黎民百姓謀福利，所以古代有點家產的家族，往往會傾一族之力，好好栽培有實力的士子考取功名。故可以庇佑士子考取功名、增加考運的神明便頗受讀書人的重視。特別是文昌帝君、五文昌、或是魁星爺等，都是頗受讀書人所重視與崇奉的神祇。

傳統以農曆二月初三日為文昌帝君聖誕日，民國以前各朝代都要遣官祭祀。近代隨著科技文明之發展，傳統信仰生態日漸衰微，但文昌信仰卻未因此而沒落。台灣各地文昌祠或同祀文昌帝君之廟宇，每到農曆二月初三日文昌帝君聖誕時，依例都會恭祝文昌帝君聖壽，或是延請道士或誦經團舉行禮斗法會，禮

● 高雄哈瑪星代天宮文昌帝君（中）朱熹夫子（右）魁星（左）／李秀娥攝

拜文昌斗，為四民之首的士人與學子祈福。在考季來臨之前，更是吸引許多家長帶領學子前往祭拜，祈求文昌帝君庇佑金榜題名。

例如：台北市芝山岩惠濟宮歷來為服務學子與考生的需求，而會因應考期舉辦「升學考試學子金榜題名法會」，並由惠濟宮誦經團為考生誦經祈福。也鼓勵考生來廟中祭拜且登記點上「文昌光明燈」，在文昌殿前點上一盞增加「智慧」的「許願燈」，希望得以金榜題名。

14．文昌帝君的由來與傳說？

答 文昌神一般尊為「文昌帝君」，是少數儒、道二教皆相當重視的神祇之一，尤其是以學子與士大夫階層之崇祀最為虔誠，在信仰史上一向具有「文人守護神」的重要地位。

主宰文學科考的古代星辰信仰，有「文昌星」和「文曲星」，而文昌星即斗魁（魁星）之上六星的總稱。《史記．天官書》載：「斗魁戴匡六星為文昌宮，一曰上將，二曰次將，三曰貴相，四曰司命，五曰司中，六曰司祿。上將建威武，次將正左右，貴相理文緒，司祿賞功進，司命主災害，司中主佐理。」古代星相家認為文昌宮六星為主貴的吉星，道教尊為主宰功名祿位之神。隋唐科舉制度興起之後，認為文昌星「職司文武爵祿科舉之本」，因此自古就特別受到士人之崇祀。

文昌帝君常又被稱為「梓潼帝君」，兩者之神祇性質原本有異。梓潼帝君原為晉朝時期的孝子張亞

● 南投藍田書院文昌帝君／謝宗榮攝

子，又名張惡子或張亞子，四川梓潼縣人，生前在晉朝為官，不幸戰死，死後百姓在梓潼縣城北方之七曲山建廟奉祀。張亞子最初被當作雷神來祭祀，以後逐漸成為梓潼地方的重要神明，稱為「梓潼神」。傳說唐代安史之亂時，唐玄宗逃往四川，梓潼神在萬里橋迎接，玄宗便封其為左丞相。後來唐僖宗因避內亂亦入蜀，再封梓潼神為濟順王。經過唐朝帝王的推崇之後，梓潼神遂由一個地方神而成為全國性之大神。宋元時期，梓潼神信仰逐漸被神話化。《清河內傳》說祂生於周初，經過七十三代之後，於西晉末年降生四川為張亞子，後成為梓潼神，玉皇大帝命祂掌管文昌府和人間祿籍，再加上科舉制度之影響，於是梓潼神便逐漸與文昌神合而為一。到了元代之時，仁宗皇帝封梓潼神為「輔文開化文昌司祿宏仁帝君」，後世即通稱為「文昌帝君」。

在元代將文昌神晉封為「帝君」之後，並將文昌神信仰列入祀典，天下之學府、書院都設有祠祀。清代之時在中國各地都建有文昌祠或文昌閣，台灣也不例外，各府縣皆有設置，民間所建的書院也都有奉祀文昌帝君。在進入日治時期之後，這些書院許多轉型成為文昌祠或鸞堂。除此之外，許多大型寺廟也同祀文昌帝君。台灣有供奉文昌帝君的廟宇，到民國六十年代末為止，約有二十座之多。台灣歷史較早的

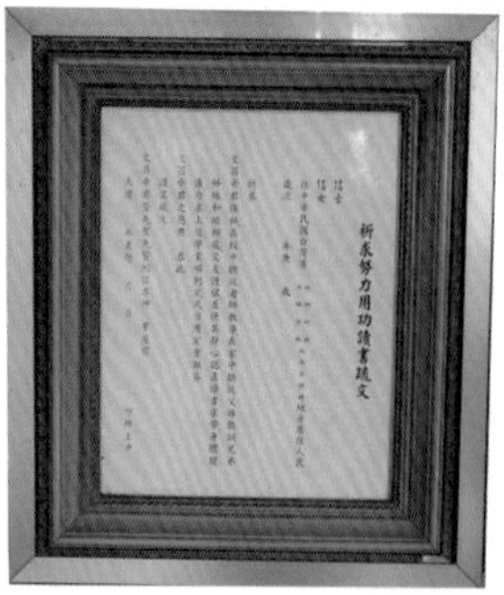

● 草屯登瀛書院求用功讀書疏文／謝宗榮攝

● 草屯登瀛書院求功名疏文／謝宗榮攝

● 桃園市文昌宮文昌帝君／謝宗榮攝

文昌祠祀，如創建於清嘉慶年間的台北新莊文昌祠，創建於清嘉慶十一年（1806）的鹿港文祠（與右旁的武廟並稱為文武廟），較著名者，如台南府城赤崁樓的「文昌閣」。[18]

台灣各地文昌祠多以「天聾、地啞」為文昌帝君之挾祀，主要的目的是警惕讀書人不要聰明用盡。其次是希望在主宰功名考試的文昌帝君身邊，不要有會洩漏機密之人，以利考試之公平，也反映出古代學子對於科舉舞弊黑幕的不滿，以及對於科場考官的不信任心理。俗語說：「祿馬跑得快，官位步步升。」因此在一般的文昌祠內，除了常見同祀魁星爺之外，也多有附祀祿馬神。

15．五文昌是指什麼神？

答 文昌帝君之廟祀，除了單獨尊為主祀神或並列為同祀神之外，有時將梓潼帝君、關聖帝君、孚佑帝君（呂仙祖）、魁星夫子、朱衣公等予以合祀，稱為「五文昌」。關聖帝君即武聖關公，傳說其前身元神為紫微宮朱衣神，協管文昌武曲，成神後被敕封為「南天文衡聖帝」，掌管權衡文運，故被奉為五文昌之一。孚佑帝君即道教八仙中的呂洞賓，是道教所崇拜的後天仙真之一，在中國北方地區享有崇隆的信仰地位，在台灣是鸞堂信仰的主要崇拜神祇之一，民間尊稱「呂仙祖」、「仙公祖」。孚佑帝君未修道前雖然屢試不第，但因飽讀詩書，修道後又有詩仙的封號，故被尊為五文昌之一。關聖帝君與孚佑帝君在傳統信仰中各自都有十分興盛的信仰，但在「五文昌」信仰中則讓位於梓潼帝君。

與文昌信仰關係最密者為「魁星」信仰。「魁」原作「奎」，是古代二十八星宿西方白虎七宿中的「奎

18 • 李秀娥，2007，〈神祇奉祀篇〉，謝宗榮、李秀娥、簡有慶合著：《芝山拔翠．惠濟群生—芝山巖惠濟宮乙酉年五朝祈安福醮》，台北：芝山巖惠濟宮管理委員會，頁37-38。

● 高雄哈瑪星代天宮朱熹夫子／李秀娥攝

● 草屯登瀛書院正殿／謝宗榮攝

● 草屯登瀛書院五文昌／謝宗榮攝

宿」，後因兩字同音並有「首」之義，「奎星」逐漸變成「魁星」。俗信魁星主文運，故也備受讀書人崇拜，一般多與文昌帝君一起供奉，或建魁星樓奉祀。傳統以農曆七夕為魁星誕辰，昔時文人多在這天祭拜。魁星的形象，一般作赤髮、藍面，一腳立於鰲頭之上，一腳向後翹起作踢斗狀，一手捧斗，另一手執筆，用以點定科舉中試者的名字，此即「魁星點斗，獨占鰲頭」，或說「熬出頭」，而「魁星筆」也因此成為學子祈求的幸運物。

而朱衣公原本並非專指某一神祇，其信仰起源亦和科舉考試制度有關。「朱衣」在漢代以前原為朝廷「祭官」的頭銜，後又成為群臣上朝時前導官吏之代稱。因此，古代學子便奉祀朱衣，祈求能在朱衣公前導之下獲得高官祿位。古代學子奉祀朱衣主要是求考試能金榜題名，北宋大文豪歐陽修曾有詩句：「文章自古無憑據，惟願朱衣暗點頭。」故信仰日隆。朱衣公在閩台地區又被稱為「朱熹公」，則是因為南宋理學大師朱熹修訂《四書》為科舉考試的主要依據，且朱熹又曾在閩南辦學，對地方文風影響頗深，故閩台地區遂將朱衣公視同朱熹公來崇拜。在台灣舉行重大醮典時，都會供奉騎四不像的紙糊朱熹公神像，與騎白馬的金甲神分列為文、武人的守護神。[19]

19・引自謝宗榮，2003，〈文昌帝君的信仰與傳說〉，《傳統藝術》第34期，頁8－10。

● 基隆慈雲寺五文昌／謝宗榮攝

16．魁星踢斗與功名有何關連？

答 主宰文學科考的古代星辰信仰，有「文昌星」和「文曲星」，而文昌星即斗魁（魁星）之上六星的總稱。古代星相家認為文昌宮六星為主貴的吉星，道教尊為主宰功名祿位之神。隋唐科舉制度興起之後，認為文昌星「職司文武爵祿科舉之本」，因此自古就特別受到士人之崇祀。

北斗七星中有一斗方，具體象徵文人中科舉考試後的祿位（薪俸食糧的度量衡），所以有「魁星踢斗」亦表獲得功名利祿的象徵與好兆頭，所以民間文人也極為重視崇拜魁星爺。

據〈魁星踢斗，獨占鰲頭，考試必過，金榜題名，指日高升〉一文研究指出：

魁星……，傳說他那支筆專門用來點取科舉士子的名字，一旦點中，文運、官運就會與之俱來，所以科舉時代的讀書人將其視若神明。唐

● 基隆慈雲寺魁星踢斗／謝宗榮攝

● 台南祀典武廟著名畫軸「魁星踢斗獨占鼇頭：克己復禮正心修身」／謝宗榮攝

宋時，皇宮正殿的台階正中石板上，雕有龍和鰲（大龜）的圖像。如果考中進士，就要進入皇宮，站在正殿下恭迎皇榜。按規定，考中頭一名進士的（狀元）才有資格站在鰲頭之上，故有「魁星點斗，獨占鰲頭」之譽。……

明清之際的思想家顧炎武在《日知錄．魁》中，對「魁星點斗」作了詳盡的描述：魁星神像頭部像鬼，一腳向後翹起，如「魁」字的大彎鉤；一手捧斗，如「魁」字中間的「斗」字；一手執筆，意寓用筆點定中試人的姓名。據說魁星手中的朱筆批你是什麼你就是什麼，文人中傳「任你文章高八斗，就怕朱筆不點頭」就來源於此。

魁星的故事是這樣的：古代有一個秀才，名字已不可考，姑且就直接叫他魁星吧。此人聰慧過人，才高八斗，過目成誦，出口成章，可就是長相奇醜無比，所以屢屢面試時落第。他長得怎樣呢？據說本來就醜陋，又長了滿臉麻子，一隻腳還瘸了，走起路來一拐一拐的，但是他文章寫得太好了，終於被鄉試、會試步步錄取，一次次高中榜首。到了殿試時，皇帝親自面試他的文才，一看他的容貌和畫著圈上殿的走路姿勢，心中不悅，皇帝問：「你那臉是怎麼搞的？」他回答：「回聖上，這是『麻面映天象，捧摘星斗』。」皇帝覺得這人怪有趣的，又問：「那麼你的瘸腿呢？」他又回答：「回聖上，這是『一腳跳龍門，獨占鰲頭』。」皇帝很高興他的機敏，又問：「那朕問你一個問題，你要如實回答：你說，如今天下誰的文章寫得最好？」他想了想說：「天下文章屬吾縣，吾縣文章屬吾鄉，吾鄉文章屬舍弟，舍弟請我改

● 高雄哈瑪星代天宮魁星夫子／李秀娥攝

文章。」皇帝大喜，閱讀完他的文章後，更是拍案叫絕：「不愧天下第一！」於是欽點他為狀元。

據說從此開始，皇宮正殿台階正中的石板上雕有龍和鰲圖案，一隻魁斗放在旁邊，殿試完畢發榜時，應試者都聚到皇宮門前，進士們站在台階下迎榜，狀元則一手持魁斗，一腳站在鰲頭上亮相，表示「一舉奪魁」、「獨占鰲頭」。[20]

可知經過殿試後皇帝欽點的狀元，才享有此種榮耀——狀元手持魁斗，一腳站在皇宮台階上的鰲頭上，讓眾人欣賞他文采出眾的英姿，難怪民間常說「魁星踢斗，獨占鰲頭」。

17．你知道傳說古代拜魁星爺用狗肉嗎？

答 民間俗信陰曆七月七日為魁星爺聖誕日，古代文人士子往往會在是日齊集魁星廟祝壽，敬備相關供品前來祝壽，除此之外，相傳古代文人會用狗肉來祭拜魁星爺，希望讓魁星爺庇佑，讓祂手中的魁星筆點著，這樣就可如魁星點卯，會有中試的好運道。好食狗肉者，民間習慣將狗肉稱為「香肉」，往往強調「一黑二黃三花四白」的毛色品序。

● 中和樂天宮魁星／謝宗榮攝

當然現代社會往往強調愛護動物，動保團體也會抗議，而狗則是人類非常忠誠的朋友，常為人看門守護，以防止陌生人闖入家園，所以並不鼓勵民間再食狗肉，甚至台灣的政府是明令禁止食用狗肉的。

其實，原本台灣傳統社會普遍也習慣將牛、狗二項視為祀神的禁忌，此見《臺灣民間祭祀禮儀》中記載：「早期台灣是一個移民的農墾社會，基於耕作及防衛的需要，很依賴牛和狗，因為牛可以耕田，狗可以看門，均有功於人類，故民間不忍食其肉。人已不食之，若用以祀神，則是對神明不敬。」[21]

只是後來1949年國民政府撤退來台，許多北方和廣東的外省人大舉遷入台灣，也帶來一些家鄉的

20．引魁星踢斗參考自網址：https://kknews.cc/history/g332j5e.html 之〈魁星踢斗，獨占鰲頭，考試必過，金榜題名，指日高升〉，2019年01年05月由小尚讀書發表於「每日頭條」歷史分類。

21．引自徐福全，1995，《臺灣民間祭祀禮儀》。新竹市：台灣省立新竹社會教育館；頁49。

習俗，因為北方人有吃牛肉的習慣，而廣東人則有好食狗肉的習慣，台灣民眾也漸漸受到這種飲食文化的影響而改變了。許多牛肉麵店一家家的開，加上西方飲食文化的影響，普遍有吃西餐牛排的習慣。原本以農立國的國人不吃有功的耕牛的傳統古俗，也因此被打破了，年輕人也毫無禁忌的大啖牛肉了。

至於香肉則是民間偷偷夾帶販售的，不敢明目張膽的賣給顧客，只有熟門熟路的知道哪裡去享用，因此民間才流傳有一句俗諺：「掛羊頭，賣狗肉。」古俗拜魁星爺以狗肉的習俗，已相當罕見了。現代社會人們祭拜魁星爺或魁星夫子時，則會準備包子和粽子、桂圓、花生等前往祭拜，亦有取「包中」之吉兆。

18．求考運要用什麼供品來祭拜？

答 每年陰曆的二月初三為文昌帝君聖誕日，廟方的誦經團往往會誦經祝壽，插上祝壽用的聖香，並由誦經生奉誦《文昌帝君本願真經》。有許多虔誠的信眾，包括家長帶著要考試的孩子一起來

● 芝山巖惠濟宮文昌法會／謝宗榮攝

● 高雄哈瑪星代天宮考生供准考證影本／李秀娥攝

1
2 3

1. 芝山巖惠濟宮金榜提名法會／謝宗榮攝
2. 芝山巖惠濟宮考生供品／謝宗榮攝
3. 芝山巖惠濟宮拜文昌供品／謝宗榮攝

● 高雄哈瑪星代天宮金榜題名准考證影本箱／謝宗榮攝

敬拜文昌帝君，所敬備的供品有壽桃、四果、壽麵、餅乾，以及特別祈求考運的白蘿蔔（寓好彩頭）、芹菜（寓勤快）、蔥（寓聰明）、蒜（寓善計算）、桔子（有吉利之意）；也有敬備包子和粽子的，取考生可「包中」之意。

學子祭祀文昌帝君與一般拜神的方式有所不同，在過年新正期間，可至廟宇點一盞象徵能獲致「功名」的「光明燈」，在祭拜時還要在神前點上一盞象徵「光明」、「功名」的油燈。當代許多學子也將准考證影印本放置供桌之上，希望文昌帝君庇佑考試順利。

還有人是拜台南赤崁樓的魁星求考運的，所需供品是：柑橘（甘）、梨子（來）、桔子（結）、蘋果（果），此有苦盡甘來有好結果，即獲得功名之好兆頭。此外也有說準備三粒粽子（高中）、包子（包中）、不能供花生（此有落地生根，名落孫山之意）。[22] 對於求功名不能拜花生的說法，則與金門地區流傳的說法相反，金門地區會以花生求考運功名，此有獲得「探花」的好兆頭。

至於信眾敬獻的金紙類，以北部為例，基本上多為廟方所提供的四色金（大箔壽金、壽金、刈金、福金），有些講究的則加備「五聖文昌帝君智慧金」，簡稱「文昌金」。這是現代社會才開發出來的智慧金，專門祈求主司功名考試的文昌帝君賜予智慧與考運的金紙，而現代的「文昌帝君智慧金」的包裝封面，印有一位身著藍色文官袍的文昌帝君聖像，龍邊並寫有「奉五聖帝君勅令文昌開竅智慧光明前程罡」，虎邊寫有「奉五聖帝君勅令魁星博學顯耀金榜題名罡」。在智慧金的兩個側面分別寫有「加持開靈竅」、「添補先天慧根」。

若以台北市芝山岩惠濟宮為例，歷來為服務學子與考生的需求，而會因應考期舉辦「升學考試學子金榜題名法會」，如「某年度大學學科能力測驗金榜題名法會」、「某學年度學測考試金榜題名法會」等，並由惠濟宮誦經團為考生誦經祈福。廟中也鼓勵凡有需要參加各級學校招生（大專、二技四技院校、高中、高職）之學子，或是參與各項高普考、中醫師證照考、預官考、求職考等各項考試者，皆可於新春起前來廟中登記點上「文昌光明燈」。凡遇參加各項考試時，則當事者會敬備上述供品，前來祭拜祈福。

或在文昌殿前點上一盞增加「智慧」的「許願燈」，學子也將准考證影印本放置供桌之上，並向廟中索取「科甲吉祥文疏」，填上個人資料後，於祭祀文昌帝君時自己誦讀該份文疏，稟報給文昌帝君，祈求神明庇佑考試時增添智慧，得以金榜題名。

22 • 參考自柚城の故鄉隨意寫日記〈台南赤崁樓「魁星爺」考生求金榜題名〉。

19・手握文昌筆等於智慧筆？

答 有些供奉文昌帝君的廟宇會提供文昌筆（又稱「智慧筆」）給考生來祈取，有因經過神明加持，會幫考生開竅開智慧、

● 鹿港護聖宮玻璃媽祖廟信徒拜文昌帝君／李秀娥攝

啟發智慧之功能，也能夠助發考運順遂、文思泉湧、有如神助，而不會在考試中遭逢思考混沌、腦筋空白、思緒蹇滯而無法發揮正常能力的窘境。

所謂「智慧筆」，有因應參加大學聯考或高中生聯招考試，或是幾次會考的，廟方會提供 2B 自動鉛筆來當「智慧筆」。有的廟方則提供雕刻出來的木雕文昌筆，讓信眾求回家供在神桌上，有小型的木雕文昌筆，也有大型的木雕文昌筆，可以供在神明廳的神桌上，或擺在家中較清靜的地方；也有鹿港的知名玻璃媽祖廟護聖宮（主神天上聖母），偏殿有供奉文昌帝君，廟方會提供漂亮的琉璃文昌筆，供信眾求取和採買回家，期望為信眾帶來好文采和好考運。

20．為何祭孔大典後，民眾熱衷於拔牛毛？

答 古代祭典中「牲醴」有分「少牢」與「太牢」，小型祭典用以「少牢」，即獻以豬、羊；若逢大型祭典就得用「太牢」，供品有牛、豬、羊。又說有「太牢」、「少牢」、「特牲」、「灶牢」之別

● 木雕文昌筆／李秀娥攝

● 大溪普濟堂供考生祈求的 2B 智慧筆／李秀娥攝

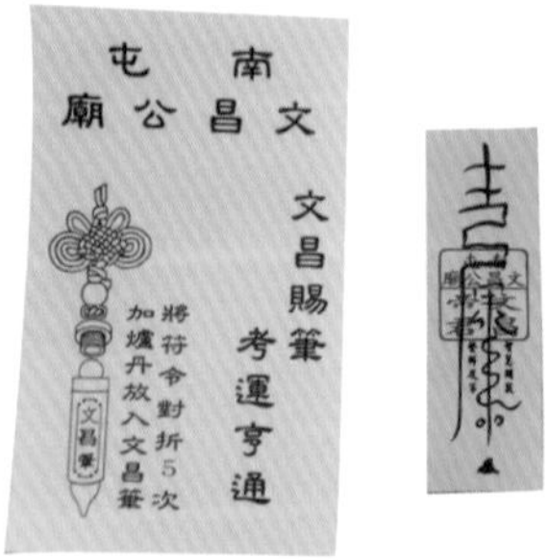

● 台中南屯文昌公廟供考生祈求的文昌筆和符令／李秀娥攝

● 鹿港護聖宮玻璃媽祖廟供信眾祈求的琉璃文昌筆／李秀娥攝

● 台北孔廟釋奠典禮場面莊嚴肅穆／李秀娥攝

的。此可見於《臺灣民間祭祀禮儀》之研究：

牲醴，古代稱為「犧牲」，《周禮正義》：「祭牲必毛純體完，犧為祭牲之專名。」又《周禮》天官庖人注：「始養之曰畜，將用之曰牲。」所以牲即家畜之供祭拜宴饗者。又據《禮記・郊特牲》：「郊特牲，而社稷大牢。」注解云：「郊者，祭天之名，用一牛，故曰特牲。」《國語楚語下》：「大夫舉以特牲。」注解曰：「特牲，豕也。」由此可知特牲有全牛、全豬二解。從上述可知，古代所用的牲醴有牛、羊、豬與家畜，用牛的稱為「太牢」，用羊的稱為「灶牢」，只用豬一種的稱為「特牲」；太牢是天子國君之禮，少牢是大夫之禮，特牲為士之禮。[23]

所以在古代文獻中，全牛本為天子國君祭

23 • 引自徐福全，1995，《臺灣民間祭祀禮儀》。新竹市：台灣省立新竹社會教育館，頁45。

祀之牲醴中「太牢」的大禮，也是與全豬並列為「特牲」的一種。

由於孔子（孔老夫子）生前周遊列國，四處興學，講述四書、五藝、八經，《倫語》幾乎廣為天下士子奉為圭臬，重要的有七十二門人，所受業弟子又分布在春秋各國擔任要職，對天下局勢的穩定與富強，都有卓越的貢獻，因此被尊為「至聖先師」、「孔聖人」。

歷來朝廷也頗為重視，因此每年的祭孔大典，都非常隆重，敬備各種禮器，及太牢牲醴等供品祭祀，並由數十多名佾生跳八佾舞，獻樂舞。其中因有「太牢」中的牛一隻，獻

● 台北孔廟至聖先師牌位與禮器／謝宗榮攝

● 台南孔廟釋奠典禮，眾人熱衷拔牛毛，美稱取「智慧毛」／蔡長富攝

祭後，便會開放給現場的考生趨前，眾人競相拔取祭牛身上的毛，由於這是獻祭給孔聖人的牛，也表示經過孔聖人的慈悲加持過，考生若拔得牛身上的毛，就會象徵獲得孔聖人的特別加持與庇佑，也會增加考生的智慧、開竅通悟，因此將此獻祭的牛毛，稱之為「智慧毛」，廣受考生所歡迎與珍視。

21．求考運拜什麼供品就可以「包中」？

答 民間習俗相信，祈求考運，可以「包中」的好兆頭，往往取其諧音的吉利意義，所以習俗敬備包子和粽子一起前來敬奉文昌帝君，以包子之「包」和粽子之「粽」，音與「中」諧音接近，此有取考生可「包中」之吉兆。台灣地區也有民眾相信求考運的期間，考生要多喝「包種茶」，此有

● 台南孔廟釋奠典禮，敬獻太牢神牛為牲禮，也供眾人拔牛毛 / 蔡長富攝

取其發音接近「包中」的諧音，而有包準中試的好兆頭。所以以清香聞名的「包種茶」除了本身的茶性深受民眾喜愛之外，也因為可以帶來「包中」的吉利兆頭，更廣受有需求的考生家庭所喜愛。

22・想要「三元及第」的好兆頭要拜什麼供品？

答 民間祈求考運能夠「三元及第」，有的會準備榛子（象徵狀元）、龍眼（象徵榜眼）、花生（象徵探花）三樣東西，符合古代科舉考試中舉後，進京面聖考試的三項最高榮耀。此外，則有說用祭拜過文昌帝君的芹菜煮三種丸子，如貢丸、肉丸、魚丸、三絲丸、脆丸等，取三種不同種類的丸子下去煮湯，此有取「丸」與「元」之閩南語諧音相當接近，而有帶來「三元及第」的美好兆頭。喝下這三

●芝山巖惠濟宮拜文昌供品：粽子、蘿蔔、蔥、芹、桂花／謝宗榮攝

元及第以及象徵勤快的芹菜湯後，就可帶來高中最高榮耀的好考運了，所以台灣的民間相當盛行此種祈求帶來好考運的吉兆與習俗。

● 利用三種丸子做成的「三元及第湯」取高中的好彩頭／李秀娥攝

● 新莊文昌祠考生供包子、粽子祈取「包中」吉兆／謝宗榮攝

問「姻緣」

民間庶民深信，男女姻緣是天注定的，都是由慈悲的月下老人所暗中牽紅線而締結的姻緣。

23．為什麼月下老人是掌管未婚男女姻緣的神祇？

答 中國文化或華人地區流傳有月下老人（月老尊神）是幫忙未婚男女牽姻緣的重要神祇，有關月老由來的傳說，主要是源於唐代李復言的《續幽怪錄》中的記載，故事大意是原本在唐代身為孤兒的韋固，曾在路過宋城（今中國河南省商丘縣南）住宿某客棧內時，遇到一位奇異的老人，老人在夜光下翻著一本簿子，韋固因好奇之下，詢問這本簿子是什麼？才獲知是一本姻緣簿，老人的布袋內則裝有牽姻緣的紅絲線，當時尚未婚配的韋固，由於好奇心的敦促下，不免也問起他自己將來會娶誰為妻？老人翻了姻緣簿後則回說他婚配的對象為店北頭賣菜瞎老太太三歲的小女兒。

韋固原本是因好玩好奇而問起的，哪知那老人竟真的說出他將來會娶的女孩的出身，只是個賣菜的三歲小女兒，韋固一氣之下，便私下派僕人去刺殺賣菜的小女兒，好讓那老人所說的話落空。誰知韋固的僕人一時心虛，想著無冤無故幹麼殺無辜的小女孩，因而只是刺傷她的眉心，後來韋固和僕人怕傷人的事東窗事發，也連夜逃跑了。

哪知月轉星移歷經十多年後，韋固從事軍旅，非常勇武，那位小女孩竟在因緣際會下被刺史王泰收為義女，並將義女許配給韋固，韋固欣喜的接受，但在新婚之後不久，發現妻子額上老粘著貼花，好奇詢問之下，才知是為了遮住幼

● 萬華龍山寺月下老人賜予好姻緣／謝宗榮攝

年時無辜被刺傷的疤痕，韋固這時才知當初月下老人所配的姻緣奇準無比，而月老的神蹟與故事從此也廣為流傳。

因此，民間庶民深信，男女姻緣是天注定的，都是由慈悲的月下老人所暗中牽紅線而締結的姻緣。

● 鹿港護聖宮玻璃媽祖廟的月老琉璃項鍊／李秀娥攝

24．台北霞海城隍廟主祀城隍爺，為何廟裡的月下老人卻名聞遐邇祭拜踴躍？

答 許多宮廟會開始供奉月下老人，可能各有因緣，若以拜月老相當知名，甚至被誤認為「月老廟」的大稻埕台北霞海城隍廟為例，據該廟管理人陳文文女士的口述，起源於民國六十年時，有位老太太到台北霞海城隍廟酬謝還願，她虔誠的感謝城隍爺長年來保佑先生事業興盛，孩子學業順利。以前她常帶孩子到城隍廟拜拜祈福，孩子也順利考上理想的學校，平安的服完兵役，並獲美國名校的獎學金，後來也順利取得高學位，並且找到很好的就業機會，但孩子們的情感生活始終沒有好消息，老太太後來便再向城隍爺祈求，庇佑孩子們能夠得到好姻緣，說也奇怪，幾個孩子很快就找到理想的對象了。

● 新婚對偶～郎才女貌／李秀娥攝

● 大稻埕台北霞海城隍廟月下老人／謝宗榮攝

● 大稻埕台北霞海城隍廟為月老祝壽／謝宗榮攝

老太太深感神恩靈顯，便向當時廟中住持陳國汀先生（為陳文文女士之二哥）表示，準備捐獻月下老人神像一座以示感恩，可協助城隍爺為未婚男女牽紅線，當時陳國汀先生便推薦可敦聘台北縣蘆洲的王稻瑞先生來雕刻此尊高一尺三的月下老人神像，因此月老便供奉於城隍廟內。

原本擁有冉冉白鬚、雙頰紅潤的月下老人，也因數十年來香火興旺，白鬍鬚也燻成了黑鬍鬚，月老尊神終日面帶慈祥的微笑，左手拿著婚姻簿，右手拄著枴杖，肩披一堆紅絲線，每天在台北霞海城隍廟，熱忱的將紅線分發給前來祭祀祈求姻緣線的未婚男女，也因該廟月老經媒體的爭相報導後，更加促成許多未婚男女或父母替代年輕人前來祭拜與祈取紅絲線和緣錢，也因神靈的慈悲促成一對對的佳偶。

因此，月下老人的神像，成為台北霞海城隍廟眾多的神祇之一，也是很多未婚男女祈求賜予好姻緣的神明。台北霞海城隍廟每逢國曆二月十四日西洋情人節、陰曆七月七日的傳統情人節，以及陰曆八月十五日月下老人聖誕日時，往往吸引許多未婚男女前來祭拜，祈求月下老人牽紅線的信徒也就此絡繹不絕。[24]

這幾年該廟的月老尊神甚至會在七夕期間到板橋林家花園駐駕，並舉辦一些抛繡球、上花轎等配對活動，接受有需要的民眾的祭拜與祈求好姻緣，也等於將月老尊神的慈悲信仰發揮的更親民些。

該廟月老在現任管理人陳文文女士的主導下，也遠赴日本宣揚月老的慈悲力量，庇佑國際人士，希望幫他（她）們促成一段段好姻緣。甚至也會有知名的海內外藝人被安排前來台北霞海城隍廟拜月老，求取好姻緣，所以也更加造成粉絲的關注與轟動。

25・各家宮廟有不同儀式，如何向月老祈求好姻緣？

25-1・台北霞海城隍廟的祈求方式？

答 首次向台北霞海城隍廟月老祈求時，信眾需先向金紙販賣部買下一份金紙、禮香，再向台北霞海城隍廟購買一份喜糖（為黃砂糖）、紅線一條和鉛錢一份當作祭品，一份

24・李秀娥，2019，《迎神台灣：圖解信仰儀式與曲藝陣頭》，台北：帕斯頓數位多媒體有限公司，頁62－63。

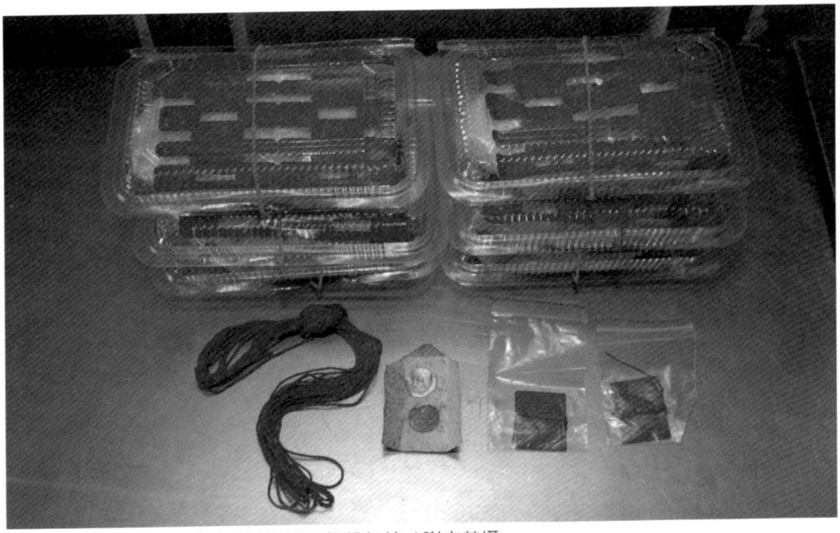

● 大稻埕台北霞海城隍廟喜糖供品和鉛錢紅線／謝宗榮攝

為兩百六十元，在祈求時，需要報告當事者的姓名、年齡、住址，以及喜歡對象的類型，請月老作主，等到訂婚後再攜帶訂婚喜餅前往答謝。

拜完後則將喜糖留下與眾人結一份善緣，廟方則會將祭拜過的喜糖作為陰曆五月迎城隍的慶典，或平日廟會甜點、進香客吃的甜冰品、或是年貨大街時供民眾喝的平安甜茶之用。每當促成婚緣的信眾皆會送來訂婚喜餅以示答謝，廟方也將這些喜餅、喜糖放在供桌上給前來求姻緣的信眾吃，吃喜糖的信眾可藉此沾沾別人的喜氣。

首次祭拜完後，則向月老手中抽取一條牽姻緣的紅線，加上鉛錢，以順時鐘方向先繞過天公爐燻一燻，以示獲得神明的庇佑，並將鑄有「百年和合」、「百子千孫」的一對鉛錢放在皮包內帶在身邊，「鉛」閩南語諧音為「緣」，表示可以獲得月老隨身庇佑，暗中牽一段好姻緣。廟方也會敦敦告誡拜月老者，取月老的紅絲線時，千萬不可太貪心，只能取一條紅絲線，以前曾有信徒不小心取走太多條紅線，導致不必要的感情糾紛。

當祭拜月老後，如有紅鸞星動的徵兆時，可以再買束鮮花，祈求開花結果，並再點上一盞光明燈，盼望早日婚成，待好事成雙後，則攜帶訂婚喜餅、金牌或香油錢等到廟方祭拜，向月老酬謝神恩庇佑。

25-2．萬華龍山寺的祈求方式？

答　台北市萬華龍山寺的香火非常鼎盛，常有歐美、日本、韓國等國際觀光客前來參觀旅遊，而本地的信徒也常絡繹不絕。龍山寺的月老殿位在後殿虎邊偏廂，門口圍一柵欄，所以想要祭拜該廟月下老人的，信徒皆在神龕門外祭拜月老。供桌上也放有給信眾祈求好姻緣的紅絲線，只要當信眾上香祝禱，在稟明姓名、生辰歲數、地址、希望婚配好對象等祝詞過後，再卜筶請示有一聖杯時，便可祈取一包紅絲線（內有一條）隨身攜帶，可放置於皮包或皮夾內，好讓月老暗中為未婚的男女信眾牽起一段好姻緣。

25-3．芝山巖惠濟宮的祈求方式？

答　台北市士林區芝山巖惠濟宮的月老祭拜方式，當信徒本身或其家長有意請月老賜婚者，則可敬備水果

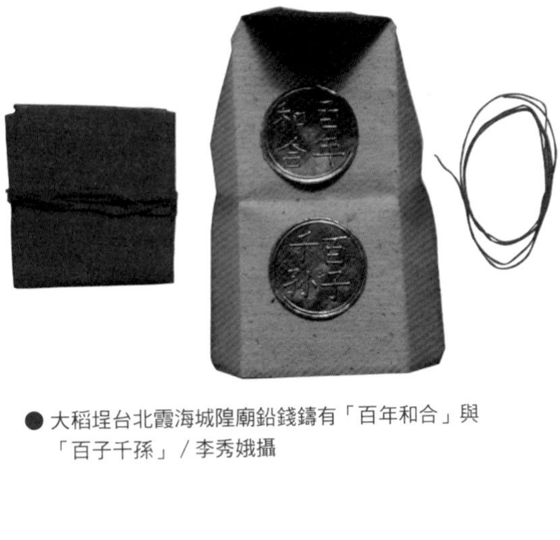

大稻埕台北霞海城隍廟鉛錢鑄有「百年和合」與「百子千孫」／李秀娥攝

訂婚喜餅禮盒／謝宗榮攝

三樣或四樣，並向廟中辦公室索取一份「賜婚吉祥文疏」（再自行填上個人資料）、紅絲線、鉛錢（代表緣份）、符令等，與金紙一份共同供奉在月老殿內，虔誠向月老祈求。祭拜時，並自行誦讀「賜婚吉祥文疏」，拜後將文疏與金紙一同火化，再將鉛（緣）錢、紅絲線一條、符令等在香爐上順時針繞三圈，並隨身攜帶即可。

25-4・松山霞海城隍廟的祈求方式？

答 松山霞海城隍廟的月老祭拜方式如下：（1）呈供品、稟明姓名、住址、祈求對象。（2）拉一條月老手上紅線，過香爐放身上，緣錢放枕頭下。（3）婚姻成時，帶喜餅答謝月老。[25]

● 信徒到松山霞海城隍廟拜月老求姻緣／謝宗榮攝

26・你知道台灣有哪十大月老廟嗎？

● 台中樂成宮月老殿／謝宗榮攝

● 台中樂成宮月下老人／謝宗榮攝

答 其實台灣地區媒體上出現過許多不同版本的十大月老廟的報導，不同年份也有不同年份的月老廟之排比順序，與排行榜上的上升或下滑的變化現象。在此茲以2015年8月～2016年2月「DailyView網路溫度計」的網路統計數字當作參考。未婚男女可各自隨緣前往有緣或就近向地方廟宇的月下老人祈求好姻緣即可。

25 • 李秀娥，2019，《迎神台灣：圖解信仰儀式與曲藝陣頭》，台北：帕斯頓數位多媒體有限公司，頁64、66。

神啊給我愛！單身最愛熱門必拜月老廟

資料分析：透過機器人爬文機制建立網路文章庫，以關鍵字進行語意情境判斷，分析時事網路大數據。
資料系統日期：2015/08/18 ～ 2016/02/18　資料來源：DailyView 網路溫度計（http:// dailyview.tw）

排名	單身必拜月老廟	地點	網路聲量
1	萬華龍山寺	台北	11371
2	大稻埕霞海城隍廟	台北	2615
3	大天后宮	台南	2159
4	鹿港天后宮	彰化	1841
5	慈德慈惠堂	台中	1340

● 台南祀典武廟月老殿／謝宗榮攝

● 台南祀典武廟月老公／謝宗榮攝

6	樂成宮	台中	1034
7	土城正統鹿耳門聖母廟	台南	596
8	祀典武祠（廟）	台南	373
9	大觀音亭祀典興濟宮	台南	347
10	日月潭龍鳳宮月老祠	南投	269

● 日月潭龍鳳宮拜月老求姻緣的流程告示／謝宗榮攝

● 日月潭龍鳳宮月老尊神／謝宗榮攝

● 信眾在日月潭龍鳳宮拜月老求姻緣／謝宗榮攝

● 台中樂成宮月老尊神身披紅線牽姻緣／謝宗榮攝

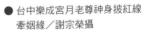

問「婚俗禁忌」

為什麼農曆有些月份忌諱結婚？為何有些人不可觀看婚禮，也不可進入新人房？這些眉眉角角，都其來有自。

27・不宜結婚月份的禁忌為何？

答 台灣地區民眾在結婚陰曆月份上，有些傳統的禁忌俗諺，這也與閩南地區的移民後裔的語言發音（河洛話）有相關。如：俗諺「五月妻會相誤，六月半年妻，七月鬼仔妻，九月狗頭重，飼煞某，也煞尪。」意思是說，陰曆五月所娶之妻，「五月」台語接近「誤會」，表示夫妻之間容易產生誤會，或會互相耽誤，使得中年喪偶。六月娶妻者，因剛好為半年，怕成為半年妻而已，不能久長，非吉兆。七月娶妻者，因七月為鬼月，也是普度好兄弟的時間，怕會娶到鬼妻，也非吉兆。九月娶妻者，因九月有九月「霜」，音同「喪」，也有忌諱九喪煞，有喪偶之兆。此外，也有「九月煞頭重，無死某，就死尪」的俗諺，也是說陰曆九月為肅殺的氣候，煞氣很重，不利娶妻結婚。[26]

28・迎親時，忌諱給哪些人觀看？

答 台灣在結婚習俗上，忌諱給生肖屬虎者、孕婦及小孩、寡婦或是帶喪者等觀看，因為有凶猛的虎煞在，怕傷及無辜。而寡婦和重喪者，則是忌諱喪事的不潔淨，以免沖犯帶來不祥。

26・參考吳瀛濤，2001（1975），《臺灣諺語》，台北：臺灣英文出版社，頁49。

29・迎親隊伍中若逢「喜沖喜」，該如何處理？

答 新娘迎親路上若遇另一椿迎親隊伍迎面而來，因新娘神很大，怕有「喜沖喜」的狀況，所以會由媒人互換新娘的「頭花」來化解此項危機。媒人在迎親隊伍中扮演的角色相當重要，有經驗的媒人會懂得臨機應變，適時處理，倘若遇到生手的媒人公或媒人婆，那就比較麻煩了。現代社會年輕人多習慣委由年輕的婚禮祕書（簡稱婚祕）來擔任處理婚禮的相關事宜，媒人多找形式上的「便媒人」，能夠找到適任且經驗充足的婚禮祕書，也是要靠緣分和運氣的。

● 南投市新娘戴的頭花／李秀娥攝

● 鹿港施麗梅老師手作給新娘戴的雙石榴春仔花／李秀娥攝

30・迎親隊伍中若逢「凶沖喜」，該如何化解？

答 倘若迎親隊伍在路上逢到「凶沖喜」，即見到迎棺木的送葬隊伍前來而不可避免時，則迎親隊伍要當作是見「棺材」，取諧音「官財」之吉兆，有「見官發財」之佳意，來化解一場尷尬的婚事與喪事隊伍的意外相遇。

31．為何新娘入門時忌諱踩夫家的門檻？

答 新娘入門時忌諱踏到夫家的門檻（戶碇）上，因為傳統信仰上，門戶窗牖都有神，若新娘被迎入夫家門時，不懂得尊重，直接踩在門檻（戶碇）上，這樣怕會得罪戶碇神，或是將來行事作風太強勢，會踩到夫家頭上來，容易造成人事的不和諧，家宅的不安寧。因此，新娘要盡量避免踩到夫家的門檻。

32．新娘入門時，哪些人要先閃避一下？原因為何？

答 迎親隊伍回來時，新娘將踏入夫家大門時，夫家的公公、婆婆也要暫時避開一下，因為公公婆婆古稱「翁姑」，所以也有怕新娘一進門就見「姑」（孤），將來會「孤獨」的不好兆頭。等要拜堂時，公婆就可正式與新娘見面，行拜堂之禮，那樣就沒有問題了。

33．新娘房忌諱給哪些人進入？

答 新婚的新娘房忌諱給姑婆、姑母、小姑入房，怕有「姑鬥」之閩南語諧音「孤獨」之不好兆頭。

還有生肖屬虎的親友也要避免進入新娘房，怕虎個性凶猛，煞氣重，會導致新娘不易懷孕生子。所以上述這些身分的人，在新娘迎入洞房後，都要盡量避免進入新娘房。

● 生肖屬虎者較凶猛煞氣重勿入新娘房，圖為中國河北武強12生肖版畫／李秀娥攝

34．婚後幸福小祕訣1 什麼是城隍夫人的幸福鞋？

答 大稻埕台北霞海城隍廟有提供信眾求取「幸福鞋」，其源由要先從廟方開始供奉城隍夫人說起。

原本以前的文獻資料記載霞海城隍夫人之奉祀始於光緒十九年（1893），據大正十四年七月五日《臺灣日日新報》載：「右室神像城隍娘為鎮殿，是光緒十九年九間仔街阿仙舍創設，蓋兩邊有宮娥。」[27] 傳說當時的阿仙舍在管理霞海城隍廟，他揣測「『霞海城隍廟的城隍爺非常靈驗，不過尚未娶妻，若能娶進一位夫人城隍爺想必一定會很高興。』於是便刻一女神像，安置在主神旁，從此之後，便有了城隍媽的存在。」[28]

但據陳文文女士2009年告訴筆者，在機緣下請金明瑋先生（阿寶）整理城隍夫人神像時，發現神像雕有光緒甲午年（筆者按：為光緒廿年，1894），是陳阿相敬獻的，所以上述的阿仙舍本名應為陳阿相。目前城隍夫人安奉於左翼偏殿內，神龕內也配置神用的案桌和傢俱。

又據現任管理人陳文文女士說：「霞海城隍廟的城隍夫人為軟身的，源於以前五月十三日迎熱鬧時，

● 大稻埕台北霞海城隍廟城隍夫人／謝宗榮攝

有許多太太小姐喜歡出來看熱鬧，但因陰曆五月天氣炎熱，許多太太小姐會熱到，被視為煞到，傳說這是因為城隍老爺愛看美女的緣故，所以才想到應給城隍老爺配個夫人，這樣就不會再有小姐被煞到，因此才雕刻一尊城隍夫人來供奉。」

民間相信慈悲的城隍夫人會請城隍老爺代為管教信眾的丈夫，不會隨便背叛家庭與婚姻，所以自清代以來便有女信眾前來祈取夫人的信物，做為御夫之用，尤其是換取夫人的弓鞋。

後來因為任由女信眾老是換取城隍夫人足下的弓鞋也不是辦法，霞海城隍廟的管理人便要信眾固定買新的弓鞋來祈求，亦或可以交換給另一位女信眾前來求取弓鞋，自此不再直接換取城隍夫人足下所穿的弓鞋。又因有些有需要的信眾不知道哪裡可以買到城隍夫人的弓鞋來祈取，所以後來台北霞海城隍廟的主事者，為方便信眾的祈取，而固定請中國大陸的一位老太太縫製城隍夫人的繡花弓鞋，直到那位老太太過世

27 • 宋光宇、林明雪，1992，〈日治時期大稻埕宗教活動節錄（下）〉，《臺北文獻（直）》101：9。

28 • 曾景來，1998（1938），〈霞海城隍爺廟〉，收錄於曾景來：《台灣的迷信與陋習》。台北，武陵出版社，頁299。

後，則改請其媳婦縫製。

廟方原本將讓人祈取的城隍夫人弓鞋稱為「御夫鞋」，後來大概因為「御夫」二字含有妻子操控調服丈夫之意，容易引起不太好的聯想，廟方便將「御夫鞋」對外改稱為「幸福鞋」。讓信眾祈取回家的城隍夫人「幸福鞋」，有因丈夫被神明的超自然靈力所約束感情與行為，不敢放浪形骸，背叛妻子，這樣也可以促成家庭和樂、幸福美滿，所以稱為「幸福鞋」也的確更加妥當。

一對幸福鞋取回家後，據說要放在臥房裡面清靜的角落，鞋尖朝內擺，不要朝外，以免丈夫花心，一天到晚想外出，鞋尖朝內則可促使丈夫喜歡回家，陪著妻子、家人和小孩，大家感情也會更融洽。

● 大稻埕台北霞海城隍廟城隍夫人幸福鞋／謝宗榮攝

35・婚後幸福小祕訣2 為何要攪動台南重慶寺月老尊神的醋矸？

答 在台灣的十大月老廟中，有時候台南重慶寺也會被列入十大月老廟之一，若單就台南的四大月老廟而言，重慶寺也是不遑多讓的。重慶寺主祀神為觀音菩薩，廟中的修行方式也是比較偏向佛教修密的道場。但是信眾卻因緣際會下，時常前往祭拜月老尊神等。

2010年7月19日PChome個人新聞台（記者林東良南市報導）登載一篇〈佛密道三合一的「醋矸廟」台南重慶寺〉。便有詳細說明，茲引述其文：

台南市「重慶寺」位於台南市中正路國立台灣文學館後方巷內，為台南「七寺八廟」之一，該寺原是佛教廟宇，但卻引進道教神祉及提供密宗作為道場，可謂「佛密道」三合一，寺內奉祀之「月老」、「速報司」及提供有情男女陳訴衷曲的「醋矸」十分靈驗遠近馳名，又有「醋矸廟」之俗稱，頗受信眾所喜愛。……

● 台南重慶寺月老尊神／謝宗榮攝

一九九九年重慶寺將日據時期被毀的醋甕重新設置，並貼一紅紙寫上「醋矸」兩字立於「速報司」（水守爺）前，以解曠男怨女之愁，重慶寺也因此又有「醋矸廟」之稱呼。連雅堂的「雅言」將「速報司」述說是專管男女感情問題的「水守爺」，此神據傳也是日據時代台南所稱「新町」一帶風月場所祭拜之神，謂其：「腳翹翹，面繚繚，保庇大豬緊入稠」；「大豬」指那些常出入風月場所的大爺們，「稠」就是「舍」，豬稠（舍）指「風月場所」，現今台南「新町」一帶雖已幾乎無風月場所（娼館），但卻尚有大智（豬）街存在。

清朝道光、咸豐年間，台灣府學訓導劉家謀所作「海音詩」，對重慶寺附註說明：「重慶寺，在寧南坊，男女相悅不遂者、夫妻反目者，皆乞靈於佛；置醋甕佛座下，以箸繫髮攪之，云使人心酸；取佛前燈油暗抹所歡頭，則變。」

相傳「速報司」負責普查民間疾苦，因行動速捷，因而得名；在民間傳說中，重慶寺「速報司」另有典故，一般神像雕刻都是安坐於神椅上，而重慶寺的「速報司」則是只坐三分之一，左腳伸直微翹，好像馬上要起身站起來，意謂者信眾所託之事，祂都會馬上起身去辦。因此重慶寺方將新製「醋矸」設在速報司案前，並且準備「陳情」專用的紅紙，讓為情所困男女，盡情吐露心聲。聽說戀愛中的青年男女感情不順遂，抑或已婚夫妻感情不睦、外遇等問題，都可前來攪動醋矸裡面的醋水，向「速報司」陳情，馬上可收立竿見影之效。……

該廟供奉著立姿的月老尊神，在速報司前則

● 台南重慶寺速報司前供有知名的醋矸／李秀娥攝

● 台南重慶寺供有醋矸讓信眾攪動醋桿，以祈散去醋意與不順遂，感情和合天長地久／謝宗榮攝

擺放一缸醋矸，還有一根桿子，提供給談感情的男女雙方，倘若因為情感不睦、夫妻失和，或是有第三者，擔心吃醋的話，容易引起彼此的紛擾，會造成感情不順遂或沒必要的口角與衝突，所以傳說該廟自清代以來便慈悲的提供一缸醋矸，有讓失和的夫妻感情和合的古老祕術，讓談感情的男女可以前往祭拜時，攪動一下醋缸，意有散去一番醋意，讓雙方感情更為融洽，即使婚後也可以讓月老庇佑雙方能白頭偕老的作用。曾聽聞一般形容女子是「醋罈子」，也有形容男子不吃醋則已，一吃起醋來，簡直就是「醋海」了。所以有機緣去祭拜台南重慶寺的月老尊神時，千萬不要忘了也要攪動一下醋缸喔！

問「求子」

台灣各地盛行於每年農曆七月七日(七夕)敬祀七娘媽，七夕除了有傳說牛郎織女一年一度相會之外，也是民間普遍祭拜庇佑小孩順利成長的七星娘娘聖誕。

36・民間信仰中為何稱女性神祇為「夫人媽」？

答 自清代以來，鹿港鎮內便已流傳著各類夫人媽之信仰，而其來源與姓氏類別極為繁多，遠遠超乎個人想像。由於在鹿港各地域的信眾觀念中，被稱為「夫人媽」的女神，以田野觀察綜合所得，大致除了鹿港各地所供奉的觀音菩薩、媽祖、註生娘娘、王母娘娘、地母娘娘、女媧娘娘、大宋太后娘娘、城隍夫人、土地婆、新興姑等女性神祇不被視為夫人媽外，其餘鹿港廟壇所供奉的女性神祇，大都可被信眾稱為「夫人媽」。

鹿港信眾對其地域角頭所供奉的這類女神的稱呼，慣常以「夫人媽」一詞來尊稱，而此一名詞也散見於各廟壇內裝置小型神像的木框、木雕的供桌、或刺繡的八仙彩桌裙，或記錄廟中神誕日的木刻告示板、廟會活動的紅紙告示榜上等等位置，皆明顯書寫著「夫人媽」一詞，或是「某某夫人媽」、「某某夫人」等詞，讓外人一眼就可明瞭神龕內所供奉的女神是「夫人媽」或「某某夫人」。台南地區也有一些夫人媽的信仰，但是若以密度而言，鹿港地區的夫人媽信仰極為興盛，盛行於傳統的小鎮上，深受民眾與婦幼所崇奉。

37・「夫人媽」在台灣包括哪些女神？

答 由於鹿港鎮內夫人媽的信仰分布非常廣，且神祇類型多元，無法一一詳載，筆者曾在〈鹿港夫人

● 鹿港清蓮堂白夫人媽 / 謝宗榮攝

● 鹿港威靈廟七宮夫人 / 謝宗榮攝

● 羅東爐源寺三奶夫人 / 李秀娥攝

媽信仰的類型與分布範圍〉一文中，將此信仰相關的神明叢概略區分為下列幾種類型：（一）張、順、白三位夫人媽；（二）陳、林、李三夫人；（三）梁媽三夫人；（四）清蓮堂白夫人媽；（五）花、柳、木三位夫人媽；（六）吳夫人媽（大、二、三、四、五夫人媽）；（七）五方夫人媽、五夫人；（八）北斗七星夫人、七宮夫人；（九）七夫人；（十）諸姓王爺夫人之夫人媽，包括蘇府康夫人媽、薛府夫人媽、溫府夫人媽、郭聖王夫人、吳府王爺夫人、黃府王爺夫人、丁朱李三位夫人媽、金石柳夫人媽、黃府吳夫人媽、李府周夫人、李府夫人媽、李殿王夫人、池府王爺夫人、金王爺夫人徐氏、洪氏夫人媽、朱府李夫人、韋府王爺夫人、武安尊王夫人、三山國王夫人、順府夫人媽、蕭府夫人媽，還有供奉於王爺廟中不知是否為王爺夫人的白夫人、立夫人、昭夫人等。[29]

上述諸多姓氏的女神夫人媽們，較為一般人所知悉的便是七星娘娘和陳林李三奶夫人了，七星娘娘（或稱七娘媽、七仙女）則屬全國性的信仰，一般俗信陰曆七月七日的七夕，祭祀七娘媽可以庇佑家中未滿十六歲的子女，平安順利長大成人，早日脫離娘媽宮或婆姐宮的特別護佑。由田野研究所悉，分布在彰化縣鹿港鎮的各式夫人媽信仰，種類非常繁多，可見其夫人媽信仰之興盛，遠超乎其他地域的夫人媽信仰發展。

29 • 有關鹿港夫人媽的分布情形請詳參：〈鹿港夫人媽信仰的類型與分布範圍〉，收錄於李秀娥，2006，《鹿港的曲館與信仰研究》，蘆洲：博揚文化，頁115-174。有關鹿港夫人媽的傳說可參考：〈鹿港夫人媽成神的傳說與類型〉，收錄於李秀娥，2006，《鹿港的曲館與信仰研究》，蘆洲：博揚文化，頁175-232。

38・生育求子為何要求註生娘娘？

答 作為婦幼守護神的鹿港夫人媽們，因為主要是滿足婦女對於祈子、生產、養育方面的平安與順利之宗教職司，所以其祭祀活動與信眾所祈求的願望，大都環繞在這方面的期許上。然因台灣民間註生娘娘的信仰非常盛行，散布民間各地的宮廟內，普遍都供奉有註生娘娘。有的註生娘娘旁邊，又會供奉有十二婆姐，會負責送子和照顧育兒的職司。傳統信仰上倘若有孩童受驚、長水痘等，都可以請這些婆姐神幫忙照顧與庇護，讓幼童早日康復。

● 敬獻給註生娘娘的胭脂、花粉、香水／李秀娥攝

● 台北保安宮註生娘媽／謝宗榮攝

● 台南關廟山西宮註生娘娘／謝宗榮攝

若以鹿港鎮內為例說明，雖無註生娘娘為主祀神的廟宇，卻有一些地方宮廟配祀有註生娘娘的香位，以滿足信眾對祈子方面的需求，例如天后宮、新祖宮、龍山寺、地藏庵等皆有供奉註生娘娘的神位，供民眾祈求與祭祀還願之需。

倘若跟註生娘娘祈求賜子，當生兒育女應驗之後，當事者便會準備麻油雞酒、油飯前往註生娘娘處上香敬獻供品，以感謝註生娘娘的慈悲賜予和庇佑平安產下子女。

39．要轉大人為何要拜七娘媽？

答 台灣各地盛行於每年農曆七月七日（七夕）的七娘媽聖誕時敬祀七娘媽，七娘媽即七星娘娘，七星娘娘也是民間傳說故事中家喻戶曉的七仙女，共為七位仙女，織女即七仙女中的么妹，每年農曆的「七夕」，由於是織女與牛郎（董永）一年一度相會的日子，所以被視為傳統的情人節，而七星娘娘的宗教職司主要是會庇佑孩童順利成長至虛歲十六歲的成人，所以七夕也是民間普遍祭拜七星娘娘的日子。古代社會婦女也於是夜敬備脂粉、果品，盛行「乞巧」之俗，有向織女娘娘等七仙女祈求女紅等巧藝及美貌。此外，七夕當天也是魁星誕辰日，古代多為讀書士子所祭拜。

● 台南興濟宮註生娘娘／李秀娥攝

● 台南臨水夫人媽廟照顧小孩的婆姐／謝宗榮攝

● 台南開隆宮七星娘娘／謝宗榮攝

● 台南開隆宮成年禮少年代表唸感謝狀／謝宗榮攝

● 拜七娘媽的供品：胭脂、花粉香水／李秀娥攝

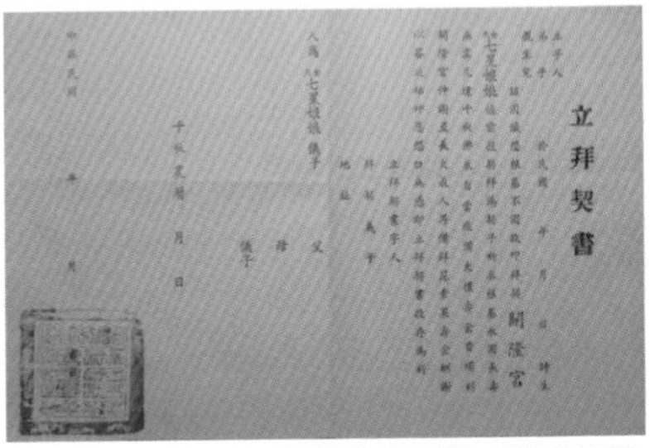

● 台南開隆宮七星娘娘的契子書／謝宗榮攝

● 鹿港民家七夕拜七娘媽的供桌／李秀娥攝

古代「士」的家庭，孩子長到虛歲滿二十歲時，會行隆重的「冠禮」之俗，慶祝其成年，據黃有志著《社會變遷與傳統禮俗》（1992）引用杜正勝的解釋，前後三次所加之冠分別為：⑴緇布冠——此後有士之身分，可領導群倫，管理眾人；⑵皮弁——此後有參與軍事行動、捍衛國家的責任；⑶爵弁——此後有在宗廟參與祭祀的權利。（頁75～76）而古代男子於二十歲行「弱冠」之禮，以示成年。古代女子成年則於十五歲「及笄」，一般多於結婚前一日行「上笄」或「上頂頭髻」、「上頭」之禮。

然而在台灣傳統的河洛人（閩南人）或客家人，當孩子不論男、女，受神明庇佑長到年滿虛歲十六歲的成人時，家長便會帶孩子準備相關的供品，於七娘媽生時或是神明生時（如拜神明為誼父誼母，成為契子孫），到廟宇敬

● 鹿港民家七夕拜七娘媽的湯圓中間要壓凹一洞，好盛裝牛郎織女相會時落下的眼淚／李秀娥攝

● 鹿港民家七夕拜七娘媽的豐盛供品／李秀娥攝

拜或在家中祭拜七星娘娘，感謝神明多年來的庇佑，使孩子平安順利長大成人，而舉行「做十六歲」的成年禮。

古都台南府城便有盛行「做十六歲」的成年禮俗，最著名的便是台南市中區開隆宮的成年禮，其次則有中區的臨水夫人媽廟（有做「出教母宮」的道教科儀、躦七娘媽亭）、安平區的安平天后宮（過大型「鳥母宮」、登王城）、台南關帝廟（成年禮文化季——做十六歲科儀）、五條港發展協會（苦力扛米、苦力泛舟、道教和基督教成年禮）、五柳枝生活文化協會（為銀髮族補辦做十六歲、五柳枝宴）等單位，舉辦相關的儀式與活動。

2006年時，台南市文化局為因應新的「文化資產保存法」增列無形文化資產的部分，將傳統藝術、民俗及有關文物納入範疇，該局因而委託民間團體進行普查，並將「做十六歲」等活動予以提

● 鹿港民家七夕供薊花和雞冠花／謝宗榮攝

● 鹿港民家燒完七娘媽亭後將架子掛在外牆上，以示獻給天上七娘媽作宮殿／李秀娥攝

報，希望指定為國家無形文化資產。可見台南市「做十六歲」的成年禮俗，對文化傳統的保存與傳衍之重要性。[30]

「七娘媽生」為陰曆的七夕，在傳統古鎮鹿港是家家戶戶固定祭祀的例祭日，每當是日到臨，婦女會特地到金紙店購買一座「七娘媽亭」（上面可能書寫著七娘媽、七娘夫人、七星娘娘、夫人媽等詞）來祭拜，並特別準備金紙娘媽襖、床母襖、胭脂、椪粉，以及準備兩大束薊花（俗稱圓仔花）、湯圓（傳統需備七碗，中間壓凹一洞，以示盛裝牛郎織女相會的眼淚）、油飯（也七碗）等供品擺放在屋內靠近門口的位置，同時供奉著七娘媽和床母，若加上床母的供品，則湯圓和油飯會共八碗，並將家中幼小的子女帶著爬過供桌下，期望孩子鑽過七娘媽亭後，會比較容易養育與照顧成人。

當祭祀完畢後，再將七娘媽亭焚化，依照古例，原本要將尚未燒化的七娘媽亭之竹支架與薊花一同拋到屋頂上，以免被人踐踏污染了此件神聖的供品，後因七娘媽亭改以較薄的竹篾紮製後，加上現代建物屬多樓層，故採完全燒化而不再有此俗。有的民家則燒一部分後，會將燒剩下的支架懸掛在牆邊的釘子上，取代拋上屋頂。

30 • 引自李秀娥，2007，〈台南市開隆宮的成年禮俗〉，歷史月刊234：13-17。同文收錄於李秀娥，2019，《迎神台灣：圖解信仰儀式與曲藝陣頭》，台北市：帕斯頓數位多媒體有限公司，頁228-237。

由於鹿港有些廟壇崇奉有北斗夫人、七星夫人、七宮夫人（即織女）、七位夫人等七娘媽，並各有其神誕千秋之例祭日，所以有的便不會選在七夕來祭祀，而是另以各廟壇的例祭日為其祝壽。

40．七娘媽亭有什麼作用？

答 台灣各地有行成年禮者，其中以位於台南市的枋橋頭開隆宮所舉辦之成年禮習俗最負盛名，且行之有年。開隆宮創建於清雍正十年（1732），主祀神即為七星娘娘。據陳瑞隆的《台灣生育冠禮壽慶禮俗》（1998）中記載，該地盛行的成年禮俗源於清代台南市西區，即今日的長樂街一帶，有五個港口碼頭，船隻往來頻繁，所運送進出的貨品向來皆由當地的五大姓氏（盧、郭、黃、蔡、許）的族人負責，當地碼頭所需的搬運工人，在計算工資時，成人全薪，

● 台南開隆宮七娘媽亭／謝宗榮攝

● 台南開隆宮七娘媽亭上兩層七星娘娘和百子亭／李秀娥攝

未滿十六歲者為童工算半薪，居民為了能夠領得全薪工資，所以非常重視成年禮的儀式，當孩子成年時，便會祭祀並宴客，邀請工頭及親朋好友共同見證，這也是經神明與工頭眾人的認定後公開的昭告。

所以居民在孩子滿十六時，為其添購新衣新帽，全身穿戴整齊，並敬備供品，如麻油雞酒、麵線、四果、六齋碗、七碗甜芋、紅龜粿、二根帶尾甘蔗、金紙、娘媽衣、五牲等，以及事先特別訂作一座七娘媽亭，攜帶孩子來到廟方讓滿十六歲的孩子鑽過七娘媽亭。並由廟方執事人員或父母站在廟旁的木雕狀元亭供桌前，男轉左女轉右，連續三次，表示孩子已成年，從此可「出娘媽宮」、「出婆姐宮」或「出姐母宮」，不用再受到七娘媽或婆姐等的特別照顧。

傳統上每當有子女逢做十六歲時，外婆家需備辦孩子的衣服、鞋帽、手錶、項鍊、腳踏車（男女孩皆可）、縫紉機（主要給女孩）、紅龜粿、香蕉、麵、雞鴨等分別為男女外孫做十六歲。當天除了敬祀七娘媽外，也需備油飯、麻油雞酒答謝床母多年來的護佑。[31]

31 • 引自李秀娥，2019，〈台南市開隆宮的成年禮俗〉，《迎神台灣：圖解信仰儀式與曲藝陣頭》，台北市：帕斯頓數位多媒體有限公司，頁230。

1. 拜七星娘娘的胭脂、花粉與香水等／謝宗榮攝
2. 獻給七星娘娘的黐花，又稱「千日紅」，民間俗稱「圓仔花」／李秀娥攝
3. 獻給七星娘娘的雞冠花／李秀娥攝
4. 台南開隆宮拜七星娘娘的豐盛供品／李秀娥攝

其實，七娘媽亭為陰曆七夕敬拜七娘媽時，或「做十六歲」成年禮的習俗中所使用的紙糊敬品，用意是讓虛歲未滿十六歲或滿十六歲的孩子，在七娘媽生時連同牲禮水果敬獻後，鑽過或爬過七娘媽亭。凡未成年者鑽過七娘媽亭，有祈求七娘媽庇佑順利成長之意；至於滿十六歲成年者鑽過的七娘媽亭，有「出婆姐宮」之意，亦即自此成年，不再需要七娘媽的特別照顧了。

此種紙紮的神亭多由糊紙店製作，材料多以細竹條及色紙糊成，亭內張貼一張七娘媽的神禡，或用紙糊成七尊七娘夫人像。較簡單的為一層，也可作兩層，並加底座，更隆重一點的也可以作三層，成為一種整面立體或平面的款式，一般有大座與小座之別。最上層有百子亭，第二層和第三層分別是七位七星娘娘。祭祀時，多由祭拜者或許願者向糊紙店或七娘廟預定，也有臨時購買者。台南府城地區的民眾只有在滿十六歲時才用華麗的七娘媽亭，至開隆宮或臨水夫人媽廟敬獻七娘媽或註生娘娘，祭拜前先將它供奉於神桌前，然後連同牲禮、鳥母衣等祭拜。拜完後即由家人高持著，讓成年者穿過，男轉左三圈，女轉右三圈，表示已「出婆姐宮」，從此成年了。而鹿港地區的習俗，民眾凡是家中有孩童未滿十六歲者，每年皆敬備七娘媽亭來祭拜。各地方拜七娘媽的習俗，則有不同的發展與習俗差異。

41．為何要寫契子書？

答 由於孩子誕生後，父母長輩擔心孩子會生病、夜裡啼哭不止、受驚嚇睡不好等，所以會在七娘媽神誕（即七夕）時，或是到社區的著名廟宇向神明（如觀音媽、夫人媽、榕樹公、榕樹媽等）祈求平安的絭牌或絭錢。絭牌是銅或銀製，上面刻有神明神像、神明尊稱、太極八卦或相關護符等；絭錢為古制圓形貫錢，中間有打洞，以紅絲線繫在孩子的脖子或手腕上，稱做「掛絭」。每年七娘媽生或是神明生時，再換新的紅絲線，或是新的絭牌或絭錢，稱為「換絭」；

● 南投市和興宮榕樹公的兩款契子絭錢／李秀娥攝

● 台南民家父母持七娘媽亭讓參與成年禮的兒子鑽過，從此脫離娘媽宮的特別庇佑／謝宗榮攝

● 台南開隆宮參加成年禮者鑽狀元亭／謝宗榮攝

南投市和興宮榕樹公元宵契子祭拜活動，必須加上一小段榕枝／李秀娥攝

草屯上林里石榕公元宵契子祭拜活動／李秀娥攝

高雄內門紫竹寺換絭祭拜牲禮等供品／謝宗榮攝

高雄內門紫竹寺為孫女換絭掛絭／謝宗榮攝

直到孩子滿十六歲時，再於七娘媽生或神明生時，謝掉保平安用的絭牌或絭錢，稱為「脫絭」。多數信眾同時會將孩子給神明作契子孫並填契書為憑，希望神明保佑孩子日後能夠順利平安長大成人，直到滿十六歲時，再備供品來答謝神明的庇佑，所以當天還要將存放廟裡或家中神龕的契書取出在金爐火化，稱為「謝契書」。[32]

當孩子滿十六歲後的七娘媽生時或拜誼父（義父）和誼母（義母）的神

高雄內門紫竹寺換絭祭拜的絭錢和紅繩／謝宗榮攝

明生時，在家中拜七娘媽者，可將供桌設於屋內近門口處向內拜，其餘可於神明生時到廟宇上香敬拜。

若敬女性神，可準備香花、牲禮、水果、椪粉、胭脂、鏡子、紅絲線等；若敬男性神，可準備牲禮、水果即可。拜七娘媽用娘媽褸（鳥母衣）、壽金、刈金；敬其他神明用大箔壽金、壽金、刈金。

42．乞龜為什麼還分喜龜、丁龜、平安龜、財氣龜等，代表什麼意義？為何要乞龜還龜？

答 台灣的民間習俗中，每逢一些神明的神誕日屆臨，凡宮廟中的主事者頭人（如爐主、頭家、委員們）以及角頭內或外地的虔誠香客，如為神明的契子孫（義子女）們，多會擇神誕期前來祝壽，或帶孩子來填寫契子書，或因年滿十六歲而來謝契書，或乞龜還龜，所乞的龜隻包括平安龜（祈求平安）、喜龜（求有身孕即可）、丁龜（求生男嗣）、財氣龜（祈求財運）等，也有信眾特別謝金牌或謝戲齣的。有些土地公廟或其他廟宇也保有在元宵節或神誕期乞龜的類似習俗。

其中因以卜筶請示祈取平安龜的願望較為普通，故一般習俗是今年乞得一隻，翌年神誕期時務必奉還兩倍。至於欲許願祈得喜龜或丁龜者，一般在應驗後得奉還六倍

32 • 引自李秀娥，2015，《圖解台灣傳統生命禮儀》，台中市：晨星出版公司，頁102。

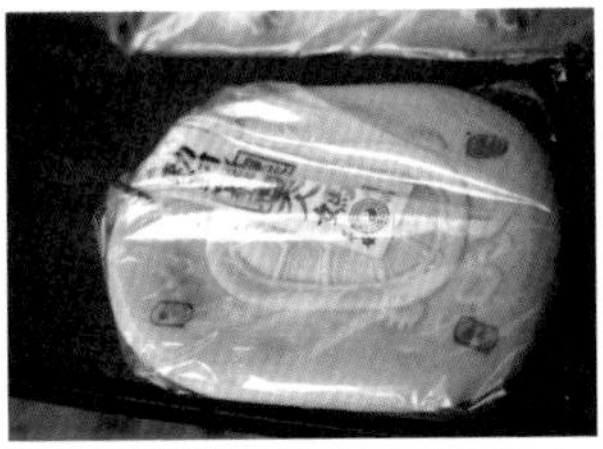

● 鹿港清蓮堂已被乞走的壽龜／謝宗榮攝

或十二倍，才符合禮數，一般得視信眾當時向神明卜筶請示時，神明所指示應還願的倍數而定。當信眾向夫人媽乞龜應允後，有的廟還會將一張該廟的平安符置於龜背上，並將龜首轉向廟外，且在龜首插上三柱香，表示這隻龜已經為人所乞走。

若是祈求生男嗣的丁龜，在祈求應允後，除了上面要置放一張平安符與三柱香外，還要再取一朵白花放在龜背上，以示區別；倘若祈求生女者，則以紅花代之。當香枝燃燒過半，再捧著該隻神龜返回家中，敬告家中神明與祖先乞得神龜的喜訊。若為特殊目的的喜龜、丁龜或財氣龜等，則將三柱香插入祖廳的香爐內，其他人不可先嚐此龜，得由祈求該項喜訊的男女當事人先品嚐過神龜後，才能分享給其他家人，以免該項喜氣或福氣被別人先沾走。

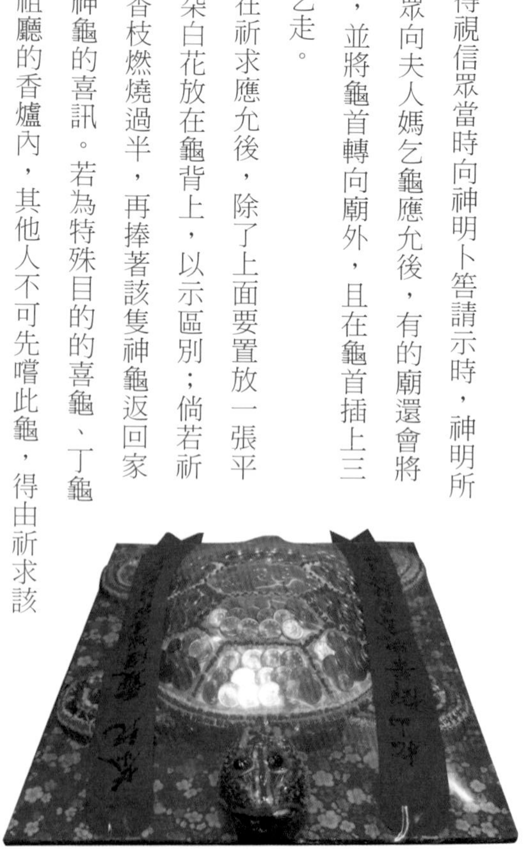

● 松山霞海城隍廟信徒敬獻的金錢龜／謝宗榮攝

製作乞龜的材料，傳統上原本多以紅龜、麵龜、紅片龜、糯米龜、米龜等為主，後來因應祈取財富的需求，而逐漸出現金錢龜（以多個一元、五元、十元錢幣黏貼而成）、黃金龜（黃金打造而成）等；而後又隨著現代糕點技術與材料的流行，出現所謂的雞蛋糕龜、月餅龜、花生糖龜的製作。每年各地供信眾許願還願的龜隻重量，從最基本的一隻一斤，到重達上千斤者不等。

澎湖地區是漁民居多、漁業興盛的聚落，所以每年元宵乞龜之俗熱鬧非凡，為祈庇佑漁業昌盛，魚貨滿載，船東往往大肆競備巨型乞龜祭品，有的敬獻的乞龜祭品還高達上千斤之重，堪為台灣龜祭文化中的巨龜祭品之最。

當信眾乞得龜隻後，都得到廟中登記姓名與乞龜的項目、重量，作為廟中日後徵信用；倘若已超過時限（如屬平安龜者，通常為三年），而信眾仍遺忘未奉還龜隻時，該廟則會將該名信眾的大名以紅紙公布，以示交代廟中乞龜龜隻的去向，此項帶有羞辱當事者的習俗，多被戲稱為「龜上壁」、「龜爬壁」或「龜上天」，表示龜既會爬壁或上天，那就是穩去無回了。[33]

但有些桃竹苗地區的廟宇有乞龜的活動，是任有意迎請壽龜回家的信眾，皆可上香祝禱稟告神明，只要在櫃臺繳交一隻壽龜三百元即可，再將登記好的三百元添油香錢文疏在神前稟告並火化，之後就可將平安龜或壽龜迎請回家了。廟方表示來年也不必來還龜了，這樣就不用擔心信徒日後無法前來還願，而讓平安龜有去無回的疑慮。

但漢人於元宵或神誕乞龜的習俗，在各地有不同的傳承與消長，因現代的物資與生活條件的充足與富裕，傳統麵龜已經沒有什麼人愛吃，加上有一陣子大家樂、六合彩的盛行，使得民間有此好的信眾深怕「損龜」而不愛乞龜，因著此項賭博禁忌的影響，使得乞龜這項民間習俗也隨之轉變。

33 • 引自李秀娥，2015，《圖解台灣民俗節慶》，台中市：晨星出版公司，頁98-101。

43．夫人媽也可以收驚？

答 夫人媽信仰在台灣民間泉州人後裔移民分布的範圍，多有崇奉女神夫人媽的信仰習俗，若以鹿港所流傳的信仰習俗來看，鹿港大多數的信眾祈子，多會先到寺廟向註生娘娘祈求，如天后宮、新祖宮、龍山寺和地藏庵的註生娘娘等。至於崇奉臨水夫人（陳靖姑）的夫人媽者，其實信徒可以多方面的祈求與請示，但大體而言，其目前主要的職能卻是與保護母子之「安胎」、「順利生產」、「收驚」等方面較有密切關連；然而倘若該廟壇的臨水夫人有專屬的乩童服務時，則其服務的範圍會更為寬廣。

鹿港地區的信眾們，特別相信許多不

● 鹿港鳳朝宮主祀張順白三位夫人／謝宗榮攝

● 鹿港宮後臨水宮三奶夫人／謝宗榮攝

● 鹿港鳳山寺妙應仙妃／謝宗榮攝

鹿港鳳朝宮信徒放置米包和孩子的衣物，讓夫人媽收驚／謝宗榮攝

同來源與姓氏的夫人媽，對婦女和小孩的特別庇佑，所以平日會在幼兒身體欠安時，帶孩子的衣服與米、剪刀、尺等，自行擺在夫人媽的神桌上，上香稟告祝禱，祈請夫人媽為孩子收驚，待時辰過後，再來取回衣物，並將拜過的米煮給孩子吃。

若認為家中孩子是較難養育的，則會於夫人媽神誕日前來夫人媽廟中填寫契子書，請夫人媽特別庇佑孩子日後能平安長大成人，此後每逢夫人媽神誕，也會帶孩子和衣服供品，前來祭拜祝壽，並由廟方人員以「某某夫人媽」之四方型神印，蓋於小孩的額頭上和所帶來的衣服之衣領背面內，使得小孩在日常生活中，都能受到夫人媽的守護與庇佑。

44．求子可以「躦燈腳」、「求燈」、「採花欉」？

答 因傳統社會是非常重視子嗣傳承的宗法社會，所以元宵節時「祈子」的習俗非常眾多，且五花八門。傳統習俗中有的婦女會去偷鄰人的「竹籬」，台語諧音可「得兒」。此外，元宵節時除了「乞丁龜」與祈子習俗有關外，又有幾項盛行的求子習俗。

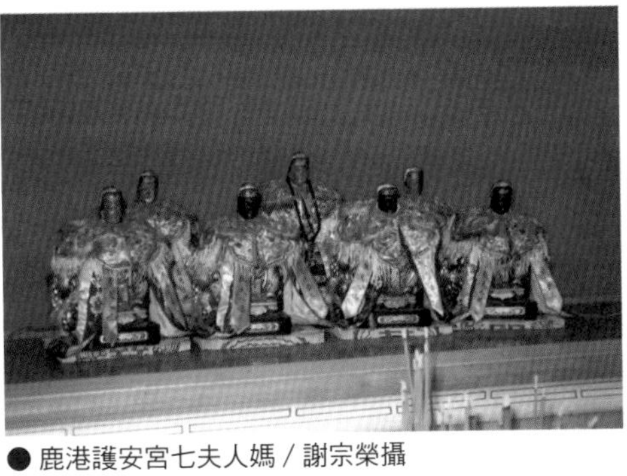

鹿港護安宮七夫人媽／謝宗榮攝

1、躦燈腳

因為元宵節持燈賞燈的「燈」字，在閩南語中與象徵男嗣的「丁」字諧音，「求燈」即「求丁」，並有「躦燈腳，生卵葩。」的俗諺。如台北市萬華龍山寺，多年來設有平安總燈，讓信眾躦到燈下許願祈福；而新北市新莊慈祐宮，也曾推出元宵不同主題的主燈，讓婦女、信眾可以躦燈腳來祈子或求財求平安。

由於漢民族相當重視父系宗族與子嗣的傳承，故演變成相當重視與吉利諧音的吉祥象徵。所以已婚婦女往往於元宵時相偕到各廟宇，祈求日後添丁，故元宵節時「賞燈」、「躦燈腳」或「乞燈」等祈求子嗣的習俗，遍布國內各大小寺廟。

2、求燈

鹿港地區有的廟壇為配合鹿港民俗活動之推廣，鼓勵善男信女在元宵節時，前往廟宇所設置之臨時祭壇敬拜與躦燈腳，如街尾的護安宮（主祀神為吳府千歲），信眾可向該宮的七夫人媽擲筊請示日後生男育女之運途，若求得生男者，廟方會為該信眾以紅燭點著再捻熄，與一只藍色或黃色的紙燈籠，交由信眾帶回家於廳堂上點上，以敬告祖先此喜訊。

若是獲得生女之啟示者，廟方則直接將未燃過的紅燭一支，與一只紅色紙燈籠，交給信眾帶回廳堂點

● 鹿港護安宮提供紙燈籠讓信眾祈燈添丁／謝宗榮攝

● 信徒讓台南法師幫忙探花欉提高生育力／李燦郎攝

上。該廟以燈籠的顏色區別祈求生男（黃、藍色）生女（紅色）的象徵，亦如前述民間盛行以花色來區別祈求生男（白花）生女（紅花）的作法。此乃基於漢人陰陽五行的宇宙觀，蘊藏著對自然法則的觀察，即男精為白為陽，女血為紅為陰有關。

3、探花欉

至於「探花欉」又稱「梗花欉」，由於民間習俗上，相信每個人都有生命靈樹的花欉或樹欉，男性的在「本命樹園」內，會以榕樹、松樹、柏樹等樹種呈現，代表男性的生命力與特質；女性的在「本命花園」內，以牡丹花、菊花、玫瑰花、蓮花等花欉呈現，代表女性的生命力與特質。

靈界的花園由花公花婆照管著，也有兩位顧花童子協助照顧，若是靈界內所屬的本命樹欉或花欉上面有布滿蜘蛛絲、傾斜或枯落等現象時，所屬的本人也會有身體不舒服、生病不順之現象產生。若是有墮胎次數者，其花欉樹下也會有幾朵枯萎的花。

民間婦女深信若結婚數年，無法正常順利懷孕者，或是懷孕後身體較虛弱者怕胎兒不保，往往是本命花欉也生病了，需要特別照顧，所以會請紅頭法師或道士為信眾舉行「探花欉」、「梗花欉」的儀式，察看本命花欉上面有幾朵白花花苞（代表將生育男生的數目），幾朵紅色花苞（代表將生育女生的數目），以及上面是否有枯萎、布滿蜘蛛的情形，此即「探花欉」。

透過請神明原諒信眾無心的過錯，再請花公李三郎、花婆竹四娘代為修剪整理一下本命花園內的本命花欉，使它的枝芽能夠重新健康的生長，展現旺盛的繁殖生命力。婦女在儀式進行時，也要手捧一株芙蓉花，經由法師進行「梗花欉」的儀式後，將此盆花帶回家中，好好照顧，同時象徵自己與神明都在暗中相助照顧花欉，以順利懷胎和生產。

45．換肚可以求子？要如何換肚？

答 婦女懷孕後，若時常流產或是連續生出女兒，娘家恐招致婆家不滿，因此趕緊在生育後十天內，煮好豬肚來給孕婦吃，希望藉此「換肚」，將生女生之肚換成生男生之肚。換肚時是將豬肚內填裝糯米，然後放入新茶壺，再取一條紅線，兩端各繫銅錢六枚，尾端結上鈴子，掛在茶壺嘴上。也有用龍眼代替一厘銅錢的，然後娘家再送到女兒家放在女兒床中央，祭拜床母，之後默默離去，不可交談。出嫁的女兒吃完豬肚後，將空茶壺放在床下保存，等到日後將近生產時，將紅線作為慶祝誕生的帽子鬚，據說吃了豬肚就能把生女兒的產腹換掉，而生出男孩來。

也有人是在生產滿月後，由丈夫陪著回娘家，應了俗語：「踏青青就會生後生」的吉兆，亦即出外散步踏青，就能生出男孩來。可知傳統台灣婦女在父系宗法社會的子嗣傳承要求下，務必生出男孩子來，而不得不藉助許多民俗儀式的協助。

46．白花代表什麼？紅花代表什麼？

答 例如祈求生男育女事，倘若婚後長久未孕者，女性可來夫人媽的廟壇前，擲筊請示獲得「換花」之指示者，初一、十五或不定期來為夫人媽神壇換花瓶中的鮮花，即可如願；或是祈取廟壇內之白花，若是神明慈悲應允，表示可如願生男；或是求取紅花，神明若應允，表示日後可如願生女。

如嘉義朴子配天宮就提供有白供花和紅供花兩類假花，給有生育需求的信徒求取，若神明應允賜子，則將白供花請回家供奉，庇佑日後將有好消息。若神明應允生女者，則將紅供花請回家供奉，日後亦可如願。

47．久婚未孕可以祈求花公花婆？花公花婆又是誰？

1. 嘉義朴子配天宮供信眾求生子的白供花／李秀娥攝
2. 嘉義朴子配天宮供信眾求生女的紅供花／李秀娥攝
3. 嘉義朴子配天宮信眾將求得生育吉兆的供花敬神／李秀娥攝

● 台南臨水夫人媽廟花公花婆／謝宗榮攝

1 2

1. 台南開隆宮花公花婆／李秀娥攝
2. 台南開隆宮鋤童箕童／李秀娥攝

● 大稻埕台北霞海城隍廟早生貴子小神衣內包有紅棗、花生、桂圓、瓜子／李秀娥攝

答 民間傳說「花公花婆」屬於靈界的護花使者，掌管著靈界的紅白花欉，每天為所有的花欉和樹欉澆水灌溉，細心呵護每棵花欉和樹欉，紅花苞代表女孩，白花苞代表男孩。一般花公花婆常被供奉於註生娘娘或七娘媽之旁，協助註生娘娘賜予生男育女之事。對於花公花婆的傳說有二：一說花公為晉代文學家陶淵明，花婆則為春秋戰國七雄的楚國息侯夫人，祂們升天後受玉帝敕封為神，掌管賜予子女之職，而福建、廣東沿海的民眾習慣於每年農曆的四月廿六日為花公花婆的祭祀日；另一說法是根據台灣紅頭法師的傳承咒簿記載，花公為李三郎，花婆為竹四娘。在台灣亦有部分廟宇供奉著花公花婆，如台南市開隆宮、台南市臨水夫人媽廟、台南縣學甲慈濟宮後殿慈福寺等皆有供奉，以供民眾祈求賜予子嗣。

我國自古以來，即有「不孝有三無後為大」的觀念，故久婚不孕的夫婦心理壓力極大，所以傳統習俗相信只要虔誠的祈求掌管紅白花欉的「花公花婆」，而慈祥的花公花婆在鋤童箕童兩位童子的協助下，也會細心照料人們的本命花欉和樹欉，人們相信經過「花公花婆」的照顧後，只要母體的本命花欉長出一個花苞，就表示會順利懷孕。

有的廟宇強調想祈求子的夫婦，除準備素果外，還需準備鹽、米加水為供品，主要當澆樹欉的肥料，來答謝「花公花婆」，請祂們繼續呵護代表未來孩子的花苞，當有身孕後，最好能抽空時常前往有供奉花公花婆的廟宇祭拜，祈請花公花婆庇佑孩子能平安長大且順利出生，若本命花欉能開出健康美麗的花朵，將來也就生到健康的寶寶。[34]

有些廟宇還會提供想求子的信徒擁有早生貴子小神衣，裡面還裝有「紅棗、花生、桂圓、瓜子」，取其寓意「早生貴子」的吉祥兆頭，很受信徒所喜愛。

48．本命花園、本命花欉、本命樹欉是什麼？

1 4 5
2
3

1. 女性本命花欉之一觀音蓮／李秀娥攝
2. 女性本命花欉之一睡蓮／李秀娥攝
3. 女性本命花欉之一玫瑰花／謝宗榮攝
4. 男性本命樹欉之一扁柏／李秀娥攝
5. 男性本命樹欉之一羅漢松／李秀娥攝

答 傳統信仰觀念中，男性和女性的生命靈體出自於靈界的「本命花園」，男性對應於靈界屬於一株本命樹欉（例如：松樹、柏樹、杉樹、榕樹等），代表男性的生命力與特質；女性對應於靈界則屬一株本命花欉（例如：蓮花、牡丹花、菊花、梅花、玫瑰等），代表女性的生命力與特質。若是生命靈樹的樹欉不健康，布滿蜘蛛絲或是沾滿塵土，或是傾斜不正，或是樹幹被蝕空等，都會影響當事者在人世間的行事作風有疏漏、運道不亨通，健康情形也會受影響。而女子的生命花欉，布滿蜘蛛絲或是沾滿塵土，或是枝幹刺太多等，都會影響當事者的健康與運道，為人行事出口易傷人，不易交友，也會影響婚緣等。

這時皆可透過法師祈請慈悲的神靈加以特別庇佑

34 • 引自李秀娥，2010，〈本命花園的照護者——花公花婆〉，《心鏡宗教季刊》第24期，頁34-37。同文收錄於李秀娥，2019，《迎神台灣：圖解信仰儀式與曲藝陣頭》，台北市：帕斯頓數位多媒體公司，頁67-72。

● 栽花換斗的祭品及十二元辰燈／李燦郎攝

與關照，祈願掌管本命花園的花公花婆及顧花童子皆代為修剪樹枝和枯萎的花朵等，好讓當事者可以活得更茁壯更健康，展現堅強旺盛的生命力來，也會帶來健康體魄，以及孕育子女的能力。

49．「栽花換斗」可以生男丁？

答 中國傳統社會因以父系宗法社會的傳承為主，形成了重男輕女的觀念，孕婦也因此多希望能夠生下男孩。古代尚未有科學儀器來判定生育的性別時，大多以前人累積的經驗來判斷，例如：(1)看孕婦的肚子，尖一點的、偏左腹的將會生男嬰；圓的、偏右的會生女嬰。(2)冬至時煮湯圓，表面若有大氣泡，表示孕婦會生男孩；若湯圓表面有缺孔時，會生女孩。(3)找個天真的小孩從筷籠隨便拿筷子，所拿的筷子若是奇

● 栽花換斗中拜紙糊的花公花婆／李燦郎攝

● 栽花換斗之紙糊混元斗／黃冠綜攝

● 栽花換斗儀式中信女手持花盆亭／李燦郎攝

數則生男嬰，偶數則生女嬰。(4)在路上呼喚孕婦，若她從左邊回頭，則生男生；若從右邊回頭，則生女生。孕婦若希望可以保證生男孩，就會延請法師為她執行「栽花換斗」的儀式，也就是一種變換胎兒性別的方法。

傳統「栽花換斗」的方法大致有兩類，一是請尪姨或眼盲算命仙，將一盆蓮蕉花（因「蓮蕉」的閩南音與男性生殖器的「卵鳥」發音相近）帶到孕婦的房間內，在床前祈禱、貼符及燒金銀紙。之後將蓮蕉花種在屋後，細心照顧，不能使它枯萎，如此胎兒就會由女生變為男生。二是準備牲禮、香燭，並帶一盆種在米斗或盆栽中的海芙蓉花到廟裡（奉有註生娘娘或臨水夫人者）祈禱。並請道士法師在神前執行「栽花換斗」的儀式，其程序如下：(1)請神；(2)祭花；(3)祭改、整理花欉（進花園）；(4)過關限；(5)送天狗白虎；(6)栽花換斗：包括①請神、②梗花（栽花）、③剪花送花、④唱花歌、⑤勸娘（勸孝）。

儀式在法師祈請諸神（西王母、三奶夫人、三十六宮婆姐等）、祭祀花盆亭上的花公花婆、太歲星君等後，為信女解除沖犯的天狗、白虎、五鬼等關限煞神後，再以長板凳充作關限橋，凳下置七支紅燭，象徵北斗七星；一盆清水，象徵江河大海，通過儀式後化除不祥。備妥花盆亭置於米盤上方、其外圍安置象徵十二元辰的紅圓及七支紅蠟燭（象徵北斗七星）、三牲、豬肚（有換肚之意）、烏母衣、花腳庫錢（花盆錢）、太極金、壽金等，再請花公花婆、顧花童子等代為看顧本命花園中的本命花欉，若孕婦想生男者，則剪下一朵紙糊白花插在婦女的背面髮上；若想生女生者，則剪下一朵紙糊紅花插在婦女的髮上。之後捧回海芙蓉花，種在庭院中，好好照顧，即可改變胎兒性別。[35]

● 台南臨水夫人媽廟有道長行栽花換斗儀式／謝宗榮攝

● 栽花換斗中象徵十二元辰的米和紅圓／李燦郎攝

35 • 參考李燦郎，2003，〈台灣人身後的救贖方式——道教式拔度功德法事〉（未刊稿）。李秀娥，2015，《圖解台灣傳統生命禮儀》，台中：晨星出版公司，頁77-80。

● 栽花換斗之斗中有紙糊的花公花婆和白花紅花及孩兒／黃冠綜攝

問「求平安團圓」

信眾透過上香祝禱的方式，向慈悲的神明祈求護佑平安、化解劫難、消災解厄、祈安賜福的信仰行為，常是最基本的祝禱願望。

50．台灣人拜神明求平安賜福？

答　台灣是個宗教信仰活動非常自由且蓬勃發展的地方，在傳統的民間信仰習俗上，崇奉儒釋道三教合一的宗教文化也廣為盛行。以一般的民間信仰和道教徒而論，祭拜神明最基本的祈求便是平安賜福，這樣願望滿足了，其次才有求其他願望，如賜財、求功名、求姻緣、求壽、求道業精進、求成仙道等等的可能性。倘若最基本的健康平安都無法滿足與達成，性命堪憂了，其他再多的欲求便顯得毫無意義了。

一般非廟會期，個人隨其時間與心願，而自行前往寺廟獻果上香、抽籤、安太歲、安元辰燈（光明燈），或是請廟中相關的神差人員，如乩童、鸞生、法師、道士等，為信眾本人或家屬執行請神問事、驅邪、祭改、補運、收驚、祈福者，即屬個人祭拜的行為。

另外則有逢神誕期或建醮廟會期間，前往宮廟祝壽敬神祭拜的集體性祭拜的行為，或是有許願還願之酬謝行為，皆是信眾透過上香祝禱的方式，向慈悲的神明祈求護佑平安、化解劫難、消

● 台北大龍峒萬和宮中秋祭拜土地公的豐盛供品／謝宗榮攝

● 松山慈惠堂信徒踴躍祭拜瑤池金母／謝宗榮攝

災解厄、祈安賜福的信仰行為，所以敬奉神明，祈求平安賜福也是最基本的祝禱願望。

51・拜神明時要準備什麼祭品？

答 凡民間各寺廟所供奉的主祀神或陪祀神等，皆有其各自的神誕千秋佳期，一般多以主祀神的神誕千秋日最為盛大，各宮廟多鼓勵民眾與香客於神誕期攜帶祝壽供品前來祝賀，許多分靈廟也會於神誕期時提前到祖廟刈香或進香，再返回本地宮廟舉行神誕祝壽與迎神繞境的廟會活動，以祈求地方能夠合境平安。

內容豐盛與否隨個人許願答謝或個人的心意而定，有牲禮（五牲或三牲，葷素不定）、或是全豬、全羊；水果（四時水果、五果或綜合水果籃）；或是壽麵禮籃、壽桃禮籃、壽桃形水果凍禮籃；或是甜粿、菜頭粿、發粿、粽子；或是酒、盒裝飲料、餅乾、蛋糕等。若是答謝註生娘娘庇佑賜子，平安產下子嗣後，則會特地敬備麻油雞酒、油飯前往答謝神恩。

金銀紙則視各地方寺廟所供奉的神祇與習慣而有不

● 慶讚中元信徒敬獻的神豬 ／謝宗榮攝

● 上元拜三界公頂桌的清素供品／李秀娥攝

● 內湖逍遙道壇神誕日敬神／謝宗榮攝

● 民間祭拜中常見以三牲或五牲敬神／李秀娥攝

● 台北藝術大學謝平安迎關渡二媽 2-2 號／李秀娥攝

● 基隆中元祭水族米雕看桌／謝宗榮攝

同，一般需包括敬祀天公和敬祀主神及其他神明的金紙，廟方金銀紙販賣部多會組合起來販售，有「天公金」，一組包括：頂極金、太極金、天金、尺金、大壽金，或九金、高錢、補運錢；如主神為王爺，則備「王爺金」，以大壽金（俗稱大花金）敬奉；如主神為夫人媽類的女神，除了壽金或福金外，需備印有衣料圖案的鳥母衣（娘媽襖、床母衣）來敬奉。

52．如何跟神明求取信物保平安？

答 由於在日常生活中，民眾有可能遇到生病、驚嚇、意外事故等等的波折與考驗，有信仰的民眾，往往會尋求神祕力量的幫助，而走上求神問卜這條路。民間信仰中，昔日倘若家中孩子受驚或婦女身體不適者，則可向夫人媽、註生娘娘或媽祖等神祇祈取信物（包括小繡花鞋、劍佩、雪衣、小手帕、頭飾等等），視信物之需要而於當天、翌日或翌年再趕緊補送新的信物來。有的則於平日前來向夫人媽祈取安胎符、平安符或

● 作者求得關渡二媽 2-2 號賜予香帕，並於壇前合影／謝宗榮攝

● 台北藝術大學謝平安迎關渡二媽敬獻香帕、香扇信物／李秀娥攝

帶孩子的衣物來給夫人媽收驚等。

至於其他神明，也有神衣、小法器、頭飾、劍佩等信物供民眾祈取回家，護身保平安。求取的方式，與一般卜筊求問的方式一樣，得尊重每間廟的卜筊習俗，看是要卜得一個聖杯就好，還是要卜三個聖杯才行。

● 鹿港鳳朝宮蓋上神明印信的黃色手帕，據聞可護身保平安／謝宗榮攝

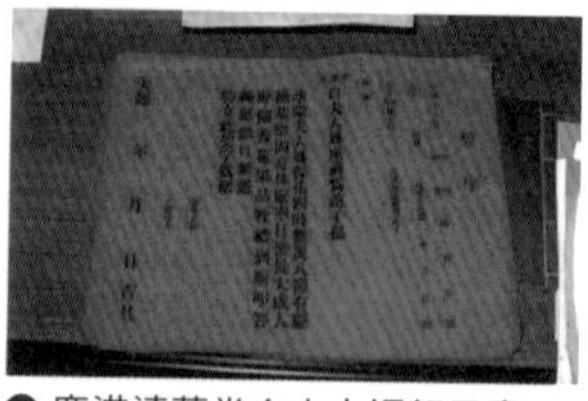

● 鹿港清蓮堂白夫人媽契子書／謝宗榮攝

53．如何成為神明的契子，讓神明長久保佑平安？

答 由於鹿港人所謂的夫人媽皆為女性的神祇，他們也相信以夫人媽女性的角色和經驗，較懂得照顧婦女和疼惜小孩，有如家庭中慈祥和藹的媽媽一般。有的夫人媽本身即屬廟中主祀神某某王爺夫人或千歲夫人，這種狀況下的王爺和夫人媽則被信眾視為彷如家中的慈祥父母般，一起照顧孩子們。

所以他們也習慣將幼小的孩子或常生病痛較難養育的小孩，在夫人媽或主祀神神誕日，帶到信奉的角頭廟或神壇填寫契子書，認夫人媽為「誼母」或認王爺為「誼父」，或是認王爺與王爺夫人共同為「誼父誼母」，希望由神明庇佑，平安順利長至虛歲十六歲，再來謝掉契子書，以示脫離娘媽宮（婆姐宮）或神祇的特別照顧。有的信眾則雖知家人或孩子早已滿十六歲，然仍希望獲得夫人媽或其他神明的長久庇佑，所以即使到了十六歲，也不願將契書謝掉，甚至向廟中的神職人員表示要永遠為神明的契子孫。

● 鹿港清蓮堂白夫人媽收契子孫／謝宗榮攝

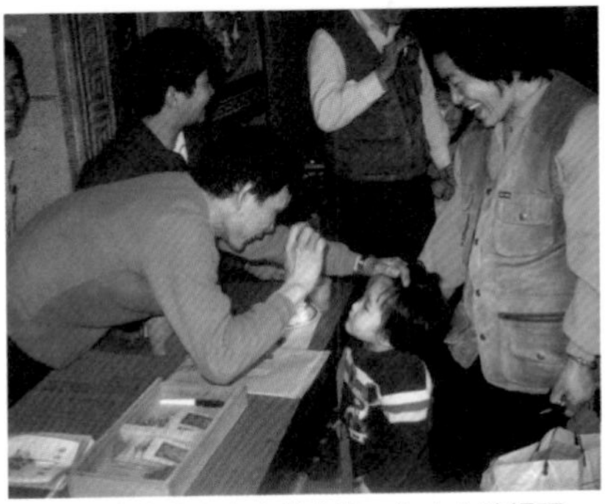

● 鹿港清蓮堂白夫人媽收契，為小女孩額頭蓋印保平安／謝宗榮攝

● 信徒跪求關渡二媽求取信物保平安／李秀娥攝

對於為人父母者，要養育幼子至成人的漫長歲月裏，多少總會碰到孩子受到驚嚇，夜裡啼哭不停，或是生病身體欠安等事，傳統社會中許多婦女和家長可能求助於漢醫，甚至是民俗醫療中的先生媽，或是透過乩童請示神明等，有些父母則透過神明的指示與介紹，才知要將孩子送給有緣的神明作契子。

54．如何成為神明的效勞生？

答 由於人們生活在世上，總會遇到不順遂或是身體健康出問題，甚至危及性命之事，在這種困難的

1
2
3 4

1. 鹿港奉天宮的法師正在行交香的儀式，他們都是發心為神明服務的法師／謝宗榮攝
2. 台北霞海城隍廟幫忙膳食的義工媽媽／謝宗榮攝
3. 桃園八德元聖宮下元節義工媽媽搓湯圓／謝宗榮攝
4. 南投藍田書院濟化堂鸞生正在扶鸞，他們是為神明義務服務的一群奉獻者／謝宗榮攝

生命關卡時，有信仰的人可能會透過家人或親友的介紹，而尋求神佛的幫助，當事者若感受到祈求應驗，有獲得神恩的庇佑賜福與化解危難之時，誠心者往往會想以自己的身心奉獻給神佛，來回饋神恩浩蕩。

所以，有的會發願長期成為神明的義務服務者，可能早晚自動來上香、換敬茶、擦神桌、掃地、換供花，或是成為乩身幫神明解決求問者的各種疑難雜症；有的是發願成為法師群，學習各種小法，為神明的各種安營、犒軍等活動義務服務；有的會發願來廟裡義務為信眾收驚服務；有的則發願成為膳食團的義工媽媽，或是成為香積組的成員，負責廟會裡的平安餐等膳食料理。所以，這些發願成為神佛的義務服務者，即是神明的效勞生。神明也會特別庇佑他們的平安與健康，需要時也會暗中化解誠心的效勞生生命的災劫。

55．為何「三元節」要拜湯圓？湯圓又代表什麼意思？

答 元宵節又稱「上元節」，也是道教三官大帝中天官大帝的神誕

● 冬至習慣作雞母狗仔祭祖／謝宗榮攝

● 冬至日民家以五行湯圓祭祖／李秀娥攝

日，三官大帝亦即「上元一品九炁賜福天官曜靈元陽大帝紫微帝君」（天官）、「中元二品七炁赦罪地官洞靈清虛大帝青靈帝君」（地官）和「下元三品五炁解厄水官金靈洞陰大帝暘谷帝君」（水官）等三位，民間俗稱三界公，神格相當尊貴，常代表天公接受信眾的祈求賜福、赦罪與解厄等。而祭祀三官大帝的日子分別是上元節（正月十五）、中元節（七月十五）和下元節（十月十五），合稱為「三元節」。[36]

一般的民間習俗，每逢三元節或其他神明神誕或是重要的日子，如冬至祭祖，都會敬備湯圓。一般廟裡也會煮甜湯圓或鹹湯圓，提供給前來廟裡祝壽的民眾享用，此有吃平安之意。

特別是元宵節、半年節和冬至日時，國人盛行吃湯圓或元宵湯圓來過節。普通湯圓有紅色和白色之分，稱為紅白湯圓，有美稱帶來「金玉滿堂」之吉兆。而湯圓形狀圓圓滿滿，也有帶來闔家團圓的寓意。其他則有包各式餡料的元宵湯圓，如芝麻口味、紅豆口味、花生口味、抹茶口味、芋頭口味，也有搭配成五行湯圓的，也有鹹肉湯圓等，都能讓國人一飽口福，也讓民眾闔家慶團圓。

內湖逍遙道壇上元祝壽儀式／李秀娥攝

下元節紅白湯圓，有「金玉滿堂」之意／謝宗榮攝

冬至日祭祖湯圓，傳統習俗還會讓小朋友作各種動物造型的「雞母狗仔」的湯圓，蒸熟祭祖，也是很有趣的傳統習俗。本來此俗已漸漸消失，後來在許多機關單位舉辦的民間節慶活動中，也漸漸鼓勵恢復作「雞母狗仔」的習俗，也增加民眾參與節慶活動的趣味性。

56．為何半年節要拜湯圓？半年圓是什麼？

答 農曆六月的天氣一般較為燠熱，有「三伏」之說，即以夏至日起，十天為一伏，稱為「頭伏」、「中伏」、「末伏」。由於夏伏較熱，食慾不振，故人們飲食上較需謹慎。傳統習俗中，新娘在初伏時就會被娘家接回家小住一陣子，以免過於勞累，稱為「歇夏」。結婚較久的媳婦也可趁此回娘家小住，省親敘舊。此一習俗現代已不流行，在六月初六，或十六、廿六，任選一日返回娘家，也是「歇夏」的遺習。作媳婦的回娘家時要帶「等路」（禮物），等到回婆家時也要準備禮物，稱為「款禮路」，多則十二項，少則六項，以前多有楝籃、洋傘、扇子、龍眼、木屐、四方糕仔等物，象徵吉祥，現代社會則隨人心意去準備。

六月梅雨已過，故有以六月六日為「曝衣節」的古俗，諺語有云：「六月

● 半年節習慣吃湯圓，稱為吃「半年圓」／謝宗榮攝

36 • 李秀娥，2015，《圖解台灣民俗節慶》，台中：晨星出版有限公司，頁97-98。

六，曝龍袍。」民間即在此日曝曬衣被、圖書等物，以往老人有準備「壽衣」的習俗，也取出曝曬，稱為「張壽衫」。主要是為了去除梅雨的霉氣，並準備曬後收藏冬衣，此為具有古代衛生教育功能的節日[37]。現代社會較少事先準備壽衣，怕觸霉頭。

陰曆六月初一到十五日時，有一個稱為「半年節」的習俗，主要是福建閩南地區的漳州人和泉州籍的同安人所過的節日。曆書上把一年分為十二個月，自陰曆元月到六月剛好是半年，這個節日主要是慶祝農作的豐收，民眾為了感謝天地三界眾神與祖先的默默庇佑，使得該時節能有豐碩的農作收成，生活飲食無虞，因而準備應節的供品祭祀而來。

清光緒十九（1893）年林豪著《澎湖廳志》卷九〈風俗．歲時〉載有：「六月望日，人家俱用米粉和紅麴為圓，以祀其祖先。祭畢，闔家飲酒、食湯圓，名曰半年圓。」[38]在台灣早期的漳州籍、同安籍人士，仍保留吃「半年圓」的習俗。先將湯圓和牲禮祭拜玉皇三界眾神及先祖，以示謝恩之意，然後全家才共同食用，也是象徵「合家團圓」的美意。但有些地區並沒有過半年節的習俗，例如除了同安籍外的其他泉州籍後裔，就少見過半年節的習俗。

由於半年節多在陰曆六月初一或十五祭拜，正逢民間每月初一、十五拜土地公或犒將的日子，所以一般多在當天準備牲禮等祭品和半年圓，一同祭拜三界眾神和祖先的默默庇佑。

37• 李豐楙、謝宗榮、李秀娥編撰，1998，《藝文資源調查作業參考手冊——信仰節俗類》，台北：行政院文建會，頁40。

38• 清．林豪，光緒19年（1893），1963年，《澎湖廳志》（臺灣研究叢刊第164種）（第二冊），臺灣銀行經濟研究室編，臺灣銀行發行，頁317。

57．為何民眾要補「年中運」？

答 台灣北部的民間習俗有補「年頭運」、「年中運」和「年尾運」的慣例，這是補運的道教信仰，民眾認為運途不彰、運勢低落，想要補運祈福的都可進行此項道教儀式。一般道教的補運活動，因為是要向神明祈求消災賜福，所以習慣會在上午進行儀式。其中補「年中運」者，習慣在接近「半年節」時舉行，尤其是選在「開天門」的日子最佳。

「開天門」的由來與宋代的「天貺節」有關。《宋史》記載宋真宗大中祥符四年六月六日，天書再降，為「天貺節」。「貺」是賜與的意思。宋真宗年號的「祥符」，也是因為天書而改元。大中祥符元年正月三日，有天書降世，因此改元「祥符」，不過那個天書後來證實是宰相王欽若假造的。

最晚在清初以前，已有陰曆六月六日為天倉開日的說法。而台北市各寺廟，則多以陰曆六月六日夜裡十一時以後及至七日子時，為開天門之時辰，可能是由古代「天貺節」演變到天倉開，

● 補運的米糕和福圓／謝宗榮攝

● 松山霞海城隍廟開天門道長插香在補運的米糕圓上／謝宗榮攝

● 松山霞海城隍廟開天門補運道長恭讀疏文／謝宗榮攝

● 內湖逍遙道壇開天門補運的祭壇／李秀娥攝

● 補運米糕和桂圓上面插上三柱香／謝宗榮攝

再演變而來的。六月初六除了補運外，還有將書籍、衣服等拿出來曝曬的習俗，稱為「曬黴」，這種風俗也是在宋代就有了，台灣則稱為「皇帝曝龍袍」。據說這天曬過的衣服，就不會被蟲咬壞，同時這天替貓、狗洗澡，也可以除蝨治病。當然現代社會中，「皇帝曬龍袍」和該日替貓狗洗澡的習俗，已蕩然無存。[39]

六月六日的重六，民間照例也有節日，即是「天貺節」，也就是天將賜福給人間的日子。台灣民間相信是日「天門開」，有事祈求也較為靈驗，故常準備牲禮、果品等前往寺廟祭拜祈福，而廟方也有舉行法會，誦經禮懺，消災植福。

一般寺廟有為善信行「補運」的，平常多在初一、十五或例假日，到六月六日更被視為補運的好日子，但是道教相信每月初七為北斗星君下降日，所以北部的正一派紅頭法師多盛行於陰曆的六月初七來行開天門補運之俗。

有的會以「替身」（紙人）為補運者在身前身後劃三次和七次，安鎮三魂七魄，然後呵一口氣將替身丟棄，則歹運也隨之而去；也有用一根藺草連繫後再割斷，即為「割鬮」，也是割除歹運之意。祭品則以米糕為主，上置龍眼一或六、十二顆不等，等法師誦經並上疏文後，即剝除龍眼殼，以寓「脫殼」去除歹運之意，再將象徵福氣的福圓肉親自食用。這一天行補運比較有效，故廟裡也特別熱鬧[40]。道士法師所行的補運習俗，則會強調使用「補運錢」，又稱「改連經」，經文中印有陰陽本命錢和改連真經的經文，可化解掉往年受人咒罵等冤結。

● 補運用改連真經含有陰陽本命錢／李秀娥攝

39 參見嚴立模，〈開天門的由來〉，《大道季刊》第九期，第三版，1997年。

40 李秀娥，2002，〈歲時節俗與鄉土藝術〉，收錄於郭博州編著，《臺灣鄉土藝術導賞教學手冊》，台北，國立臺灣藝術教育館，頁181。

● 內湖逍遙道壇開天門補運的福圓替身和衣物／李秀娥攝

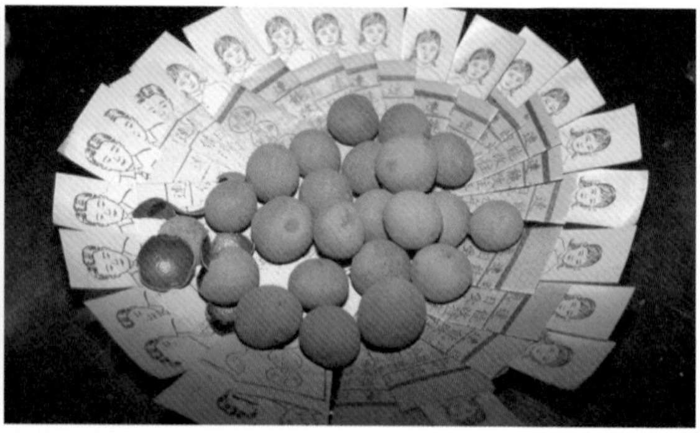

● 開天門補運的福圓和男女替身／謝宗榮攝

民間盛行該日補運的習俗，有的廟宇並無法師或特別作儀式來補運，而是由信眾自備替身、龍眼、米糕等祭品來拜拜補運。一般會依照信眾家中男丁女口的人數，而準備幾個男女替身和一份補運錢，一份米糕（上有一顆龍眼），並按照人數備妥相同數目龍眼擺在祭品盤中祭拜，敬備金紙（大箔壽金、壽金、刈金、福金、金白錢）、水果、餅乾、壽麵等一起祭拜，祈求上天為信眾消災祈福，等到上香祭拜完後，將替身、金紙一起焚化掉。再將龍眼殼剝下，象徵「脫殼脫離離」，將過去的霉運一起脫去的意思，並給每位家屬吃下屬於他們的那一顆龍眼（福圓），象徵福氣圓滿的意思。例如台北萬華龍山寺、行天宮、迪化街台北霞海城隍廟、大龍峒保安宮等許多廟宇都有舉行開天門補運的習俗，六月初六至初七凌晨，幾乎廟裡整夜不關廟門，讓民眾自行前來祭拜求補運。

58．為何台灣民間習慣年底要「謝平安」？

● 花壇三家春福德宮謝平安，信徒踴躍上香／謝宗榮攝

答 上元、中元、下元分別為天官大帝（賜福）、地官大帝（赦罪）和水官大帝（解厄）的神誕日，一般這三個節日皆俗稱為「三界公生」。而年尾陰曆十月十五則屬水官大帝的神誕日，家家戶戶會準備豐盛的祭品來獻敬祈福，有些地方的居民則會聯合數戶人家共同祭祀，並出公金邀請道長來誦經祈福，例如基隆地區的民眾現今仍保有此俗。有的廟宇也會做一日的「慶讚下元法會」，延聘法師主持科儀，祭祀與普度場面盛大，例如林口竹林山寺每年都會延聘法師行慶讚下元的盛大法會。也有廟宇盛行於下元節時作「年尾戲」謝平安。

台灣民間的年尾謝平安戲，時間並不一定，得看各地方的習俗而論，有些地區習慣於

● 花壇三山國王廟謝平安，道長恭讀疏文／謝宗榮攝

年尾下元節或冬至時期，甚至到尾牙前後，會整村擇日敬備豐盛供品盛大祭祀，演戲酬神以酬謝神恩賜予一年的平安，稱為做「平安戲」。有的地方謝平安，幾乎整村村民都出動了，供桌擺滿廟前的廣場，場面非常盛大，民眾也在廟埕廣場互動交流，相互聯絡感情，增進村民間的融洽情誼。

● 花壇三家春福德宮謝平安，廟埕擺滿供桌／謝宗榮攝

● 花壇三家春福德宮謝平安演戲酬神／謝宗榮攝

問「求壽」

靈龜是常見的吉祥圖案之一，常被表現於祈求吉祥與祝壽的畫軸、家具、藝品與建築物上。也因為龜被視為長壽的吉祥靈物，在漢文化的應用上非常普遍。

59．民間習俗為何以烏龜為長壽的象徵？

答 龜多為水生動物，但也有習慣陸上活動的陸龜，生物特點為：腹背皆有硬甲，頭頸、尾部和四肢等皆能於必要時縮入腹甲內，性耐飢渴，壽命很長。在古代被視為龍、鳳、龜、麟四靈之一，為偉大的吉祥神獸與瑞獸。

漢人自古視龜為長壽之靈物，龜壽有的長達百歲，故有以「龜齡」比喻高壽。漢代王充《論衡．狀留篇》載有：「龜生三百歲，大如錢，游於蓮葉上；三千歲青邊緣，巨尺二寸。」[41] 任昉《述異記》卷上則言：「龜千年生毛；龜壽五千年，謂之神龜；萬年曰靈龜。」[42] 可見在我國歷史上，龜齡之長壽還被視為可以遠遠超過百歲，而可上達五千歲者，則為「神龜」；超過萬歲者，則為「靈龜」。

古代又有八種名龜之說：「記曰：能得名龜者，財物歸之，家必大富。一曰北斗龜，二曰南辰龜，三曰五龜，四曰八風龜，五曰二十八宿龜，六曰日月龜，七曰九州龜，八曰玉龜。」[43] 便將具有日月、南斗

41．引自杜而未，1996（1966），《鳳麟龜龍考釋》，臺北：臺灣商務印書館，頁85。
42．引自杜而未，1996（1966），《鳳麟龜龍考釋》，臺北：臺灣商務印書館，頁81。
43．引自杜而未，1996（1966），《鳳麟龜龍考釋》，臺北：臺灣商務印書館，頁99。

● 刻有百壽圖的銅壽龜／李秀娥攝

星辰、北斗星辰、二十八星宿等特殊符誌的異龜，視為珍貴名龜。

而《宋書．符瑞誌》也記載著：「靈龜者，神龜也。王者德澤湛清，漁獵山川從時則出。五色鮮明，三百歲游於蕖葉上，三千歲常游於卷耳之上。知存亡，明於吉凶。禹卑宮室，靈龜見。」[44]可知神龜會擇有德之王者出，歷知百歲千歲之甲年，也鑑知國之存亡、明示吉凶禍患，故可以為占卜之靈龜。

古時在占卜時用龜，筮用著，合稱「龜筮」。龜之所以為占卜所用，根源在其生物特點。龜背有紋理，稱作「龜文」。相傳有《河圖洛書》，河圖為龍圖，洛書為「龜書」，也就是龜背上的紋理，這種紋理蘊涵著神祕莫測的意義。晉葛洪《抱朴子．仙藥》云：「千歲靈龜……剔取其甲，火炙擣服……盡一具，壽千歲。」[45]可知長壽的靈龜之龜甲燒烤服用，也可做仙藥。而古代占卜時也是用火來燒烤龜甲，再視龜甲上的裂紋變化，來推斷上天所賜吉凶禍福的指示。因為傳說靈龜的壽命相當長壽，歷經漫長歲月，能鑑往知來，因而可以用來占卜問事預知吉凶。

而與靈龜有關的吉祥圖案，常見有「龜鶴齊齡」、「龜齡鶴算」，為靈龜與仙鶴共構的圖紋，常被表現於祈求吉祥與祝壽的畫軸、家具、藝品與建築物上。也因為龜被視為長壽的吉祥靈物，在漢文化中應用非常普遍，有的會在庭院中實際飼養各種烏龜；有的則以繪畫、雕刻裝飾為主；有的則仿刻實龜大小的靈龜，甚至鑄模精緻龍龜神獸等。民間亦有將龜刻於印章之印鈕，稱為「龜鈕」者，這些與長壽寓意有關的龜之各色造型的民間工藝品項，也常為國人所喜愛與收藏。

60．「乞龜」是什麼？代表什麼意思？

答　國人喜食龜的龜祭，是根源於龜在古老文化傳統的民俗義理上，與所謂的千歲之齡及長壽吉兆有很深的關連性，導致不論官方到庶民百姓，舉凡祝壽、神誕，或是上元節的天官賜福為三界公祝壽等，皆相當重視龜祭品的獻供，故而繁衍出豐盛的「乞龜」之俗。全台各地民眾甚至競相發起所謂的「龜會」，有會員組織，每年定期於宮廟聚會，籌辦獻龜、還龜、乞龜的盛大活動，特別是上元的元宵節當日，更是盛大舉行。乞龜之活動可於上元前後數日彈性舉行，讓信眾方便找時間前往求取或還龜酬謝。

「乞龜」是漢人社會古老的民間習俗，除了上元的元宵節之外，也常見於宮廟神誕期間，其目的主要就是祈求長壽、添丁等福氣，以澎湖地區最為盛行。清代光緒十九年（1893）林豪著《澎湖廳志》卷九〈風俗．歲時〉即載：「元宵……各廟中張燈，男女出遊看燈。廟中札有花卉、人物，男婦有求嗣者，在神前祈杯，求得花一枝（或麵龜一個），回家供奉。如果添丁，則明年元宵時，倍數酬謝。」[46] 可見清代文

44．引自杜而未，1996[1966]，《鳳麟龜龍考釋》，臺北：臺灣商務印書館，頁93、94。
45．引自袁珂，1987，「龜」條，《中國神話傳說辭典》，台北：華世出版社，頁321。
46．清．林豪，光緒19年（1893），1963年，《澎湖廳志》（臺灣研究叢刊第164種）（第二冊），臺灣銀行經濟研究室編，臺灣銀行發行，頁316。

● 新屋天后宮提供給信徒乞龜的米糕龜／李秀娥攝

● 作者夫婦乞得新屋天后宮的米糕龜／李秀娥攝

獻記載，澎湖婦女為了求子嗣而求花或乞龜，其實，民眾也有為求壽、求平安，甚至是求財而行乞龜之俗。澎湖也是漁業發達的地區，所以每年元宵乞龜之俗熱鬧非凡，為祈庇佑漁業昌盛、魚貨滿載，船東往往大肆競備巨型乞龜祭品，有的敬獻的乞龜祭品還高達上千斤之重，堪為台灣龜祭文化中的巨龜祭品。

臺灣民間的乞龜還龜活動，所乞的龜隻包括平安龜（祈求平安）、喜龜（求有身孕喜事）、丁龜（求生男嗣）、財氣龜（祈求財運）等，也有信眾會特別酬謝金牌或謝戲齣的。其中以卜筶請示祈取平安龜的願望較為常見。

凡欲參加乞龜者，先行上前觀看想要祈取的龜隻，且未經祈取的龜隻方向皆先朝向神明，信眾再上香向神明祝禱稟明庇佑項目，和將來還願倍數後，再卜筶請示是否允杯。一般以一杯聖杯即可，當幸運地獲得神明允杯後，就點三柱香插上龜隻頭上，並將龜隻的頭轉向朝廟外，表示這隻神龜已被人乞走了。

至於製作乞龜的材料，傳統上原本多以紅龜、麵龜、紅片龜、糯米龜、米龜等為主，後來因台灣社會發展更加富庶，也為因應祈取財富累積的需求，而逐漸出現金錢龜（以許多錢幣黏貼而成）、黃金龜（黃金打造而成）等；此外，隨著現代糕點技術與材料的流行，也出現所謂的雞蛋糕龜、月餅龜的製作。

每年各地供信眾許願還願的龜隻重量，從一斤到上千斤者不等。乞得的龜隻，都得到廟中登記基本資料，留作廟中日後徵信用。

61・「還龜」是什麼？

答 臺灣民間的乞龜還龜活動非常盛行，俗話說：「有借有還再借不難」，民眾所乞的龜隻包括平安龜（祈求平安）、喜龜（求有身孕喜事）、丁龜（求生男嗣）、財氣龜（祈求財運）等，也有信眾會特別酬謝金牌或謝戲齣的。其中以卜筶請示祈取平安龜的願望較為常見，故一般習俗是今年乞得一隻，翌年神誕期時務必奉還兩倍，這多屬「平安龜」。至於

● 南崁五福宮祝壽沙其馬龜／謝宗榮攝

欲許願祈得喜龜或丁龜者，一般往往需倍加酬願，在應驗後得奉還六倍或十二倍，才符合禮數。所以得看信眾在卜筶乞龜時，跟神明如何許願酬還的壽龜大小倍數，若日後願望應允了，翌年就必須如願償還許願的倍數之壽龜，以表誠心叩謝，此即還龜的習俗。

62．「龜上壁」是指什麼意思？

答 每年各地供信眾許願還願的龜隻重量，從最基本的一隻一斤，到重達上千斤者不等。當信眾乞得龜隻後，都得到廟中登記姓名、地址與乞龜的項目、重量，作為廟中日後徵信用；倘若已超過時限（如屬平安龜者，通常為三年），而信眾仍遺忘未奉還龜隻時，該廟則會將該名信眾的大名以紅紙公布，以示交代廟中乞龜龜隻的去處，此項帶有羞辱當事者的告示習俗，多被戲稱為「龜上壁」、「龜爬壁」或「龜上天」，表示龜既會爬壁或上天，那就是穩去無回了。

63．傳統習俗幾歲以上才可以做壽？

答 傳統國人歲數算法，是以虛歲為算，從一出生即屬一歲，作周歲時，則屬二歲，此後可以每年過小型的生日，直到虛歲滿十六歲為成人，結婚後始為大人，自此以後才可過誕辰。但傳統習俗上，五十歲以上才可稱壽，以後每隔十年過一次壽禮，稱為「大生日」。六十歲稱「下壽」或「小壽」；七十歲稱「中壽」，八十歲稱「上壽」或「大壽」；九十歲稱「耆壽」；一百歲者，稱「期頤」。另外七十七歲稱「喜壽」，八十八歲稱「米壽」，九十九歲稱「白壽」。[47]

一般壽誕的忌諱是男怕三、六、九，女怕二、五、八。四十九歲是人生大厄年，最為忌諱，故其壽辰多提前一年，以五十歲稱之，且需連續三年盛大舉行，否則不可輕易舉辦壽誕。也有的地方習俗，過壽不以五十歲、六十歲、七十歲，怕太張揚不好，會被閻王爺提前找去報到，所以該年避諱做壽，而有習慣過五十一歲、六十一歲、七十一歲的壽誕。

64・小壽是幾歲？

答 傳統歲數算法，虛歲六十歲稱「下壽」或「小壽」，為花甲誌喜、耳順誌喜。[48]親友會為壽星準備豐盛的壽麵、壽桃、戒指、項鍊或手鐲等金飾做為賀禮，也有已嫁女兒要為父母準備壽衣祝壽，這壽衣

47・陳瑞隆，1998，《台灣生育冠禮壽慶禮俗》，台南：世峰出版社，頁145。
48・陳瑞隆，1998，《台灣生育冠禮壽慶禮俗》，台南：世峰出版社，頁145。

也稱「老嫁妝」，也是等將來父母老去、病故時，可以當作喪禮時所穿的壽衣。但是現代社會，也有長輩怕做壽時收到壽衣有觸霉頭的忌諱，所以女兒為父母準備壽衣祝壽的習俗，也有不知或不做的，而是改送其他的吉慶賀禮來祝壽

65．中壽是幾歲？

答 七十歲稱「中壽」，為古稀誌喜、鬢白之壽，而以七十七歲稱「喜壽」。[49] 為何七十七歲會稱為喜壽，是因為草書書寫「喜」字，看起來很像「七十七」，故而七十七歲稱為「喜壽」。[50]

66．大壽是幾歲？米壽是幾歲？耆壽是幾歲？

答 八十歲稱「上壽」或「大壽」，為耆宿誌喜、華封三祝；九十歲稱「耆壽」，為耄耋之壽、綿老添壽、松鶴桃壽；[51] 八十八歲稱「米壽」；九十九歲稱為「白壽」。因為「米壽」的米字，拆解書寫就是「八十八」，故得此說，至於「白壽」為九十九歲的說法，來自於「百」字少一橫等於「白」字，就是一百減一，等於九十九歲。[52]

也有的人家上了一定年紀後，如八十歲後，便許願每年熱熱鬧鬧的舉行過壽的儀式。這也是家人孝敬長輩的一個大好機會，借此機會宴請親朋好友齊聚一堂，為家中長壽的長輩祝壽，大家共同歡度壽宴，互相聯絡感情，也讓大家瞭解壽星如何保持長壽的養生祕訣，以茲效法。

67．百歲之壽又稱什麼？

答 壽星達一百歲者，稱「期頤」，為期頤之壽、晉殿靈光、瑞光龜壽。[53] 此有人生以百歲為一期，可期待之歲數，故而壽年達百歲者，稱為「期頤」。國人對長壽的壽星，也會有許多祝壽的賀辭，如耄耋之年、壽比南山、福如東海、松鶴延年、松鶴齊年、龜壽延齡、龜壽鶴齡等。而「茶壽」為一百零八歲，即是「茶」字拆解書寫，上面的「二十」加上下面的「八十八」，就等於一百零八歲，故而一百零八歲長壽者，稱為「茶壽」。[54]

49 • 陳瑞隆，1998，《台灣生育冠禮壽慶禮俗》，台南：世峰出版社，頁145。
50 • 「喜壽」參考自「百度百科」的「茶壽」條目。
51 • 陳瑞隆，1998，《台灣生育冠禮壽慶禮俗》，台南：世峰出版社，頁145。
52 • 「米壽」、「白壽」參考自「百度百科」的「茶壽」條目。
53 • 陳瑞隆，1998，《台灣生育冠禮壽慶禮俗》，台南：世峰出版社，頁145。
54 • 「茶壽」參考自「百度百科」的「茶壽」條目。

68．丈母娘要幫女婿做壽，幾歲時要做呢？

答 一般男女結婚後，婆家為媳婦或是岳家為女婿過生日，則稱為「探壽」。女婿滿三十歲的生日，需由岳家準備祝賀之禮，稱為「綿壽」，以後每十年為女婿過一次生日，贈送豬腳、麵線、雞鴨蛋等做為賀禮，稱為「脫殼」。

五十歲又稱為「暖壽」或「半百添壽」，通常岳家必備禮物前來祝賀，賀禮供在廳堂上，再由壽星夫婦點香向神明和祖先稟告祝禱，此也有感謝神明和祖先護佑平安享壽的意義。[55]

69．民間做壽會贈送什麼為賀禮？

答 一般壽期將至時，多由子孫或親友發動，事先布置壽堂，作紅龜粿、壽桃餽贈前來祝賀的親友，而壽星的親友則準備壽幛、壽聯、壽燈、壽禮等做為祝賀，壽宴上少不了豬腳麵線，麵線則強調不剪斷，以寓長壽，甚至在壽宴

● 友人贈壽星「壽比南山」賀禮來賀壽／謝宗榮攝

● 刻有「福壽」二字的金戒指，是很好的祝壽禮品／李秀娥攝

● 交趾陶九龍盤「萬壽無疆」為賀壽禮品，此為林瑞麟作／謝宗榮攝

● 交趾陶壽星盤為賀壽作品／謝宗榮攝

● 財子壽三仙刺繡壽幛／謝宗榮攝

中會特別拉長壽麵，此有為壽星「抽壽」添福壽之意。已出嫁的女兒加送雞、酒、蛋等禮物，父壽則加送衾、鞋、帽，母壽則送衾、金簪，俗稱為「拜壽」、「敬壽」。壽星家屬並準備壽金和鞭炮，讓壽星敬神明和祖先祝禱，庇佑康泰長壽。

結婚後，婆家為媳婦或是岳家為女婿過生日，做「探壽」。賀禮中以親家的賀禮特別豐富，禮品一般以六色為準，亦可增加至十二色。有豬腳，取年老益健；大麵，不切斷環繞而成，取長壽之意；雞鴨各一對，取添福添壽；壽幛一楨，內容多為多財多子多壽之意；紅龜，有鶴齡龜壽之意；壽燭一對，上有「壽比南山」、「福如東海」的吉祥語句。[56] 也有祝壽的詞句寫著：「壽比南山不老松，福如東海長流水。」

● 贈女性壽星的一對金手鐲／李秀娥攝

55．陳瑞隆，1998，《台灣生育冠禮壽慶禮俗》，台南：世峰出版社，頁146。

56．陳瑞隆，1998，《台灣生育冠禮壽慶禮俗》，台南：世峰出版社，頁145-147。

70．壽桃為何可以帶來長壽？

答 壽桃在中國傳統文化中，是祝福壽星長壽的食品，也是民間普遍用來神誕期為神佛祝壽的主要供品之一。壽桃之所以可以帶來長壽的象徵，源於中國古老神話傳說中的蟠桃盛會，這是王母娘娘壽誕時，會以蟠桃園中盛產的仙果蟠桃做為壽宴主食，宴請眾神仙齊來赴會。所以古來便習慣以壽桃譽為蟠桃，有祝福壽星福壽綿延之意。

古來壽桃形象多以桃尖狀為主，但是實際的水果中，就有名為「蟠桃」的水果，其果實則有別於一般常見的桃尖狀的桃子，而是呈現扁盤狀，形似乾柿子。

至於「碧桃」是觀賞用桃花樹，有多種形式的花瓣，中國北京植物園還有幾百株不同的品種。食用的桃還有大久保桃、水蜜桃、綠化九、十四號、白鳳等不同品種。桃在亞洲文化中占很大的地位，中國古代傳說經常提到桃是一種可以延年益壽的水果，神仙多食用桃。[57]

● 壽桃為民間常見的賀壽食品／謝宗榮攝

71．王母的蟠桃會為何如此受歡迎？

答　蟠桃會是指中國古代神話傳說故事中，許多仙人群聚為王母娘娘祝壽的盛會，蟠桃是中國神話中充滿神仙靈力的果品。相傳陰曆的三月三日為西王母（王母娘娘）的壽誕，當天西王母會慈悲的大開盛會宴邀群仙，並賜予珍貴的蟠桃為主食，而眾仙也會特地趕來為王母娘娘祝壽，此即「蟠桃會」。其中尤以八仙過海奔赴蟠桃盛會，最為著名。民間的戲齣每逢神誕日，皆要搬演「醉八仙」的扮仙戲，也有分「大八仙」或「小八仙」的扮仙戲。

在《西遊記》中記載，蟠桃會是盛大而莊嚴的西王母壽宴，位階不夠高的神仙們在蟠桃會上要注意行為舉止，若做出不合禮儀、不符禮數的行為會被嚴厲懲罰。例如，捲簾大將（沙和尚）僅僅因為在蟠桃會上失手打破一個琉璃盞，就被罰落入凡間；而天蓬元帥（豬八戒）則因為酒後騷擾蟾宮的嫦娥，被罰轉世到凡間，並且因失誤轉為豬身，兩人後來被觀世音菩薩指點皈依佛門，變成金身羅漢和淨壇使者。[58]

而王母娘娘的蟠桃會之所以受到民間的廣大重視與享譽盛名，也與「孫悟空醉酒偷蟠桃，大鬧天宮」的傳說故事，有很大的關連性。

傳說孫悟空他本因為石猴，陽壽已盡，便大鬧地府、竄改生死簿。惹事的孫悟空引起天庭注意，玉皇大帝念在孫悟空是天生地養，便招安他做弼馬溫，但孫悟空因嫌官小受騙受辱，便下凡回花果山。他打敗了

57・參考《維基百科．自由的百科全書》「蟠桃」條。
58・引自《維基百科．自由的百科全書》「蟠桃會」條。

三太子哪吒，後被天界二度招安並封為「齊天大聖」此一閒差。玉帝怕他閒來生事，叫他代管蟠桃園。

孫悟空在天庭看守蟠桃園的時候，天庭正好要舉辦一場蟠桃會，宴請各路大小神仙，王母便差遣七位仙女到蟠桃園去採摘仙桃。但她們發現蟠桃園裡的仙桃都是小個小個的，原來早被孫悟空給監守自盜，偷吃了大的仙桃。

因孫悟空膽大妄為，代管王母的蟠桃園，卻自己偷吃蟠桃、御酒、仙丹，後來玉帝發十萬天兵都無法收服，最後被二郎真君楊戩加梅山六怪和太上老君合力擒拿，刀劈雷擊皆不得傷，被封於八卦爐七七四十九日，煉就火眼金睛。（《西遊記》第七回提到孫悟空本體其實是「光明一顆摩尼珠」）。出來後繼續大鬧天宮，被如來佛鎮壓在五指山，最後被感化而隨唐僧唐三藏前往印度取經，與豬八戒、沙悟淨、白馬等一路守護唐三藏取經，歷經艱險，平安歸唐。[59]

72．祝福「松柏長青」也可以帶來長壽？

答 「松柏長青」為一般壽誕者的祝壽賀辭，松、柏，自古即為長青的象徵，形容其壽星如松柏般長青不衰。也有以「松柏同春」來做為祝壽題辭的，此有用於夫妻雙壽的祝壽賀辭。而「松柏同春」原出於《詩經．小雅．天保》：「如月之恆，如日之升。

● 象徵長壽的扁柏／李秀娥攝

● 象徵長壽的松樹／李秀娥攝

● 松鶴延年彩繪／謝宗榮攝

如南山之壽，不騫不崩；如松柏之茂，無不爾或承。」形容如松柏般，新葉既生，舊葉始落，承繼不斷，[60]而有長青、長春、不易凋零之狀。

另有相關的祝壽題辭，如「松鶴延齡」的賀辭，有指壽星如松樹般蒼翠榮鬱，如仙鶴般仙壽，皆有長壽之吉兆。也有題「松鶴遐齡」的祝壽題辭。遐，有遠之意。遐齡，即長壽之意。所以「松鶴遐齡」或是「松鶴延年」亦祝賀壽星長壽如松如鶴。

73．祝福「龜壽鶴齡」也可以帶來長壽？

答 中國古老文化中祝福人家長壽的賀詞中有「龜壽鶴齡」，也有稱「龜鶴齊齡」，或是「龜鶴齊壽」、「龜鶴同壽」。圖案為一龜一鶴，龜在傳說中為四靈之一，為長壽之象徵。《龜經》載：「龜一千二百歲，可卜天地終結」；《遊仙詩》：「借問蜉蝣輩，寧知龜壽年」。傳說中的鶴為仙禽，古人認為鶴是鳥中長壽之代表；《雀豹古今注》中載：「鶴千年則變成蒼，又兩千歲則變黑，所謂玄鶴也」；《淮南子》：「鶴壽千年，以極其游」。因二者皆為長壽之象徵，故世人常以「鶴髮童顏龜鶴齊齡」頌長壽之人。

59．綜合參考《維基百科．自由的百科全書》「孫悟空」、「蟠桃」條。

60．參考屈萬里撰，1983，《詩經詮釋》（屈萬里全集5），台北：聯經出版事業公司，頁292-294。

龜鶴齊齡的圖案常用於中國古代建築裝飾中，明清兩代，在皇宮、園林以及高規格的寺廟建築中，常在殿前擺放銅龜、銅鶴，其造型常為鶴踏於龜上。61

74．為何道教儀式「祝燈延壽」時敬獻燈燭可以延壽？

答 台灣北部正一道派醮典之「祝燈延壽」科儀，常在晚上進行，其科儀形式與進表、豎燈篙三獻法會中所行者相同。科儀中高功首先祈請「燈光普照天尊」、「星移斗轉天尊」、「長生保命天尊」，然後祝香供養「三清道祖」、「四極大帝」、「日月帝君」、「五行星君」、「五斗星君」、「三台星君」、「四曜星君」、「二十八宿星君」、「十二宮元辰星君」、「本命元辰星君」、「福祿壽星君」、「三垣帝君」、「六十甲子星君」、「三官大帝」、「泰皇萬福真君」、「值年太歲」等眾神，一齊為醮主斗首信眾人

● 李松溪道長持火筆行祝燈延壽科儀／謝宗榮攝

● 芝山巖惠濟宮醮典道士群祝燈，讓斗首人等元辰光彩／謝宗榮攝

● 芝山巖惠濟宮醮典道士群祝燈，讓斗燈輝耀／謝宗榮攝

● 米寫的「福壽」二字，有為善信添福添壽／謝宗榮攝

● 三重明德壇安座法會行祝燈延壽科儀，道長為善信祝旺元辰／謝宗榮攝

61 • 參考《維基百科‧自由的百科全書》「龜鶴齊齡」條。

等消災賜福、解厄延生，也希望在道壇中的醮首合信人等皆能夠心存大道，志慕善緣。

隨後高功道長即點起一盞火燭，象徵有如南、北斗星君之星辰交輝的華燈，並祈「上台」、「中台」、「下台」等三台星君護養華燈，使其有如萬朵紅蓮齊開於綠水，具有燼落浮災、花開善瑞之功。是燈「明燈光皓映，鶴焰吐清輝，擎出人間光世界，照開天上寶樓臺。」能藉由上照三天、下通九地之不可思議功德，來普為世人消災解厄，添福增壽。

原本一般在醮典或法會的「祝燈延壽」科儀，倘若場地許可的話，道士群會在壇場或廟埕中找適合的地方，以無數米粒分別排寫出一個「福」字和「壽」字，「福」字上再加上六盞紅色燭燈，象徵祈求南斗星君為醮首人等及信眾賜福。而「壽」字則加上七盞紅色燭燈，象徵祈求北斗星君為醮首人等及信眾消災延壽。62

75．「祝燈」時主要是祈請天尊來祝旺元辰？

答 在台灣北部正一派道教三朝或五朝的醮典中，祈福意義相當顯明的是福醮期間於夜間舉行的「祝燈延壽」科儀。祝燈延壽儀式的要旨主要是祈請三位道教天尊的消災賜福與延壽，如「燈光普照天尊」、「星移斗轉天尊」和「長生保命天尊」等三位的護佑，透過燈火的光明力量，由「燈光普照天尊」的照耀光明，再加上「星移斗轉天尊」的運轉天體消災解厄，轉危為安，來為醮主人等祈求元辰煥彩，之後再祈禱「長生保命天尊」，一起為醮首合信人等賜福延壽。

一般「祝燈延壽」科儀多排在「解結赦罪」（解冤釋結）科儀之後舉行，便希望醮主人等能夠誠心懺悔己過祈求解罪，然後再祈請神祇給予元辰煥彩、賜福延壽，這是台灣北部正一道派（紅頭道士）傳統的宗教儀式，也是道德勸化度化人心的信仰文化。[63]

76・一般道教斗燈的斗筒會擺放哪些辟邪吉祥的器物？這些器物又代表什麼含意？

答 在「祝燈延壽」的科儀程序中，燃燈祈福可以見之於照耀斗燈與醮首人等一事，而在醮典中與信眾福禍關連最緊密者，即為分別供奉於壇場和廟中各殿的斗燈。對斗燈的祭祀，常稱為「禮斗」或「拜斗」，而「拜斗」源於古代的星辰信仰，道教的傳統認為：祭祀北斗星君可消災解厄，祭祀南斗星君可延壽祈福，故民間常言「南斗注生，北斗注死」，故南、斗北星辰的崇拜，對民眾的信仰生活攸關死生大事，因能祈求闔家「元辰光彩」、「運途順遂」，因此常見民間道廟每年相當重視春季禮斗和秋季禮斗的

62・參考《維基百科・自由的百科全書》「龜鶴齊齡」條。

63・李秀娥，2019，《迎神台灣：圖解信仰儀式與曲藝陣頭》，台北：帕斯頓數位多媒體有限公司，頁198。

1 2
3

1. 北斗星君，掌消災解厄 / 謝宗榮攝
2. 南斗星君，掌注生延壽 / 謝宗榮攝
3. 木雕斗燈座 / 謝宗榮攝

法會，為信眾行消災祈福、延壽保生的宗教服務。

對於廟宇中斗燈的設置乃是醮首人等闔家本命元辰的具體化，亦是傳統信仰中可以祈福、解厄與解罪的主要祭祀器具，故深受廟宇和信眾的重視。由於信眾對斗燈之重視，所以對於捐獻較大的首份（如主醮首、主會首、主壇首、主普首等）之斗燈，也特別重視其斗燈筒的製作，常聘請技藝精湛的木雕匠師來雕製，成為精緻的宗教藝術，也有極少數以黃金雕造的，如民國九十六年基隆中元祭中的黃姓宗親會的斗燈，即以黃金雕造組合木座而成。由於在醮典或法會中信眾所捐獻的緣金多寡不同，所以廟方所敬備的斗燈造型則有簡有繁之別，現代常見最簡便者為以圓形紅色金屬桶作為斗桶。

民間道廟常見的斗燈，多以一只斗筒為主要的祭具，斗筒從一般的米斗到雕刻精緻的木斗皆有，其內盛滿白米，米有象徵滿天星辰之意，上插圓形涼傘一只，傘下為紅色斗籤，其上書寫日、月之稱諱，象徵日宮太陽星君與月宮太陰星君照臨之意，特別是再有南斗與北斗之形，象徵祈請南斗星君和北斗星君延壽解厄。

在斗筒中依序置放剪刀、尺、鏡、劍、秤等吉祥物和辟邪物，以示五行俱全，此實各具深刻寓意，斗筒內放置物的意義；「諸如寶劍屬金，辟除不祥；剪刀亦屬金，既可剪除不祥，亦諧音『家』，全家增祥；秤一把屬木，可秤一家之福分；尺一把亦屬木，可衡量是非善惡；有燈心或燭火置於土缽內，屬土，中有油有火，置於圓鏡前，點燃後即不可熄滅，火光照耀鏡中，閃耀通明，不使熄滅，以此祈求斗首闔家『元辰煥彩』。延壽祝燈科儀之進行，更是與斗燈有密切之關連，所以科儀中道眾就要持燭火，一一照耀供奉於各處之斗燈，以祈求醮首延壽、解厄，元辰煥彩。」[64]

---

64 參考謝宗榮，2007，〈玖、發表祈福篇〉，總編纂謝宗榮，謝宗榮、李秀娥、簡有慶合著：《芝山拔萃・惠濟群生——芝山巖惠濟宮乙酉年五朝祈安福醮》，台北：芝山巖惠濟宮管理委員會，頁194-195。李秀娥，2019，《迎神台灣：圖解信仰儀式與曲藝陣頭》，台北：帕斯頓數位多媒體有限公司，頁199-200。

77．「燈」在傳統民俗與信仰上有哪些象徵意義？

答 「燈」在傳統漢人民俗信仰中具有十分重要之意義，首先它能照耀幽明，使黝暗變光明，所以在醮典中要豎燈篙，分別懸掛「天燈」和「七星燈」，有召請諸天仙聖和無主孤魂降臨之意，而放水燈則是指引水面孤魂；其次，「燈」閩南語諧音「丁」，具有祈求男丁、添丁、家族人丁興旺之意；其三、燈因能發光輝耀，具有「光明」的意義，閩南語也諧音「功名」，醮典中醮首人等所啟點的斗燈，即以燈之光明，祈求「元辰煥彩」，得以運途順遂、趨吉納福，這也是「祝燈延壽」科儀最主要的功能，故道教科儀書中載有「天上光明自有日，人間祈福莫如燈。」

●結婚送字姓燈，有寓子孫繁衍之意／謝宗榮攝

高功道長在祈請「燈光普照天尊」降臨之後，點燃所有道士手中的燭火，並在道士群不斷複誦「一燈分出千百燈，燈上光明火上星；上照諸天眾星斗，下照本命及元辰」的吟誦聲中，穿行在壇場及廟中各殿

●日宮太陽星君版畫寶像／謝宗榮攝

● 民間廟宇常見讓信眾參與點光明燈／謝宗榮攝

● 新營太子宮太歲殿內斗燈首／李秀娥攝

中，將手中燭火一一照耀壇中和廟中各殿諸神，最後燭火照耀醮首本人以及安奉在內壇和各殿中，象徵其本命元辰的斗燈。

高功和道士群持燈照耀巡繞完壇中和廟內各祀神之所與供奉斗燈之處後，於壇內科儀桌前，再焚真香虔誠啟奏供養「日宮太陽星君」、「月府太陰皇君」、「五方五德星君」、「四炁四曜星君」、「本命元辰星君」、「圓光童子」、「散輝玉女」、「周天列宿星君」、「道場列位真宰」等神，代為奏明合信人等心存大道、志慕善緣之情；信禮「無上大羅天長生保命天尊」，志心皈命「鬱儀宮大聖」、「太丹元陽帝君」。接下來又以香、花、燈灼之儀，供養與本命元辰有關的十二宮之神，並依序各宮進奉財帛各一份，此即祝燈延壽科儀中的「進十二宮」，分別為：「日宮太陽帝君」、「月府太陰皇君」、「東方木德星君」、「南方火德星君」、「西方金德星君」、「北方水德星君」、「中央土德星君」、「神首羅侯星君」、「神尾計都星君」、「太乙紫炁星君」、「太乙月孛星君」、「當生本命元辰星君」等神尊，並對其一一敬獻志心皈命信禮。

上述北部正一道派「進十二宮」的儀式，在高功道長的引導之下，由在壇內隨拜的醮首分成十二次，每次都由三位醮首分持繫有高錢的大貢香一柱、大箔壽金一支、紅燭燈一盞，安置於三

●鹿港乾清宮玄天上帝平安符／李秀娥攝

65 ● 參考謝宗榮，2007，〈玖、發表祈福篇〉，總編纂謝宗榮，謝宗榮、李秀娥、簡有慶合著：《芝山拔萃．惠濟群生——芝山巖惠濟宮乙酉年五朝祈安福醮》，台北：芝山巖惠濟宮管理委員會，頁196-197。李秀娥，2019，《迎神台灣：圖解信仰儀式與曲藝陣頭》，台北：帕斯頓數位多媒體有限公司，頁202-203。

界壇的供桌之上。在道教的傳統信仰中，此十二位神祇各自掌管人們的災禍賜福與消災解厄。在此科儀的末後，高功道長誠心祈請諸神為醮首人等解諸項厄難，依基隆廣遠壇《正壹延壽祝燈玄科》科儀書之記載：「天官解天厄、地官解地厄、水官解水厄、火官解火厄、四聖解四時厄、五帝解五方厄、南辰解本命厄、本命解一切厄，一切厄難盡消除。」醮首人等則誠心祈恩懺罪，請福延生，並祝禱「伏願上聖垂慈，星真錫佑，福德增崇，同登道岸，乞賜長生。」最末則志心稱念「長生保命天尊」、「福生無量天尊」、「紫清降福天尊」等三位天尊，而整個「祝燈延壽」科儀也圓滿結束。[65]

●謝宗榮道長補運持火筆祝旺元辰／李秀娥攝

問「求神明指示」

當人拿不定主意，為尋求超自然的力量幫忙，向神明卜杯就成為常見的習俗之一。而民眾應如何卜杯？卜杯的結果，什麼是聖杯、伏杯與笑杯？又或者需不需要抽籤詩指引？都有簡明的解答。

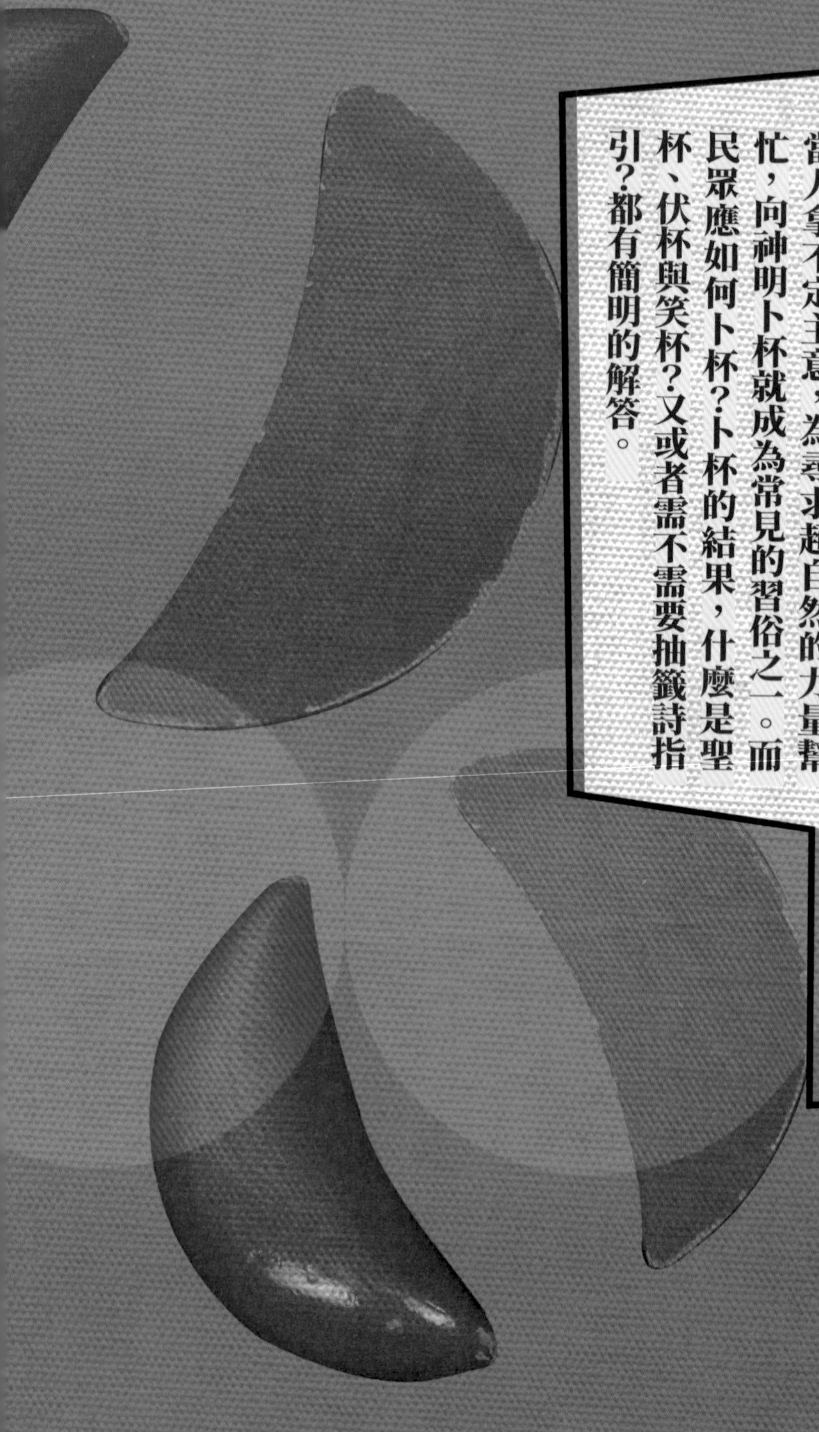

78.如何向神明卜筶請示問題？

答 民眾在日常生活上，若有遇到猶豫不決，難以解決的問題，倘若有人商量請教就不用到廟宇或在家中神明廳請示神佛的意見。倘若與人商量仍拿不定主意時，往往會尋求超自然神祕力量的幫忙，所以向神明卜筶是台灣有傳統信仰的民眾非常普遍的習俗。

向神明卜筶請示問題，也有其正確程序，目前通行的卜筶程序：

(1)在進行卜筶前須先向神祇上香稟明姓名、地址與所欲請示的問題，通常約待香過一半以後，再卜筶請示結果，因為要給神明暗中瞭解與查明現象的時間。

(2)卜筶請示神明是否同意給予指示，倘若獲得聖杯應允，表示神明同意就信徒的所求疑惑給予指引，然後才可正式針對心中的問題來提問卜筶。倘若是伏杯，就表示神明目前對此問題不願意給予指引，信徒只好先將問題擱下。

(3)若蒙允杯願意指引，卜筶時，先將筊筶在香爐上方順時針繞幾圈，然後再拋起投地觀察兩片筊筶呈現的狀態，以一陰（凸面朝上）一陽（平面朝上）為聖杯，表示神明給予肯定的指示，兩者皆陽為笑筶，表示神明開心在笑，或是不置可否，兩者皆陰為哭杯（伏杯、怒杯），表示神明不同意，或是否定、不高興的意思。

若是想以卜筶求籤詩指引，通常是在廟裡才會有配合求籤的籤詩筒、籤詩、解籤簿，以供民眾參考。有的廟宇還會有專門的解籤老師，義務幫忙服務，助信

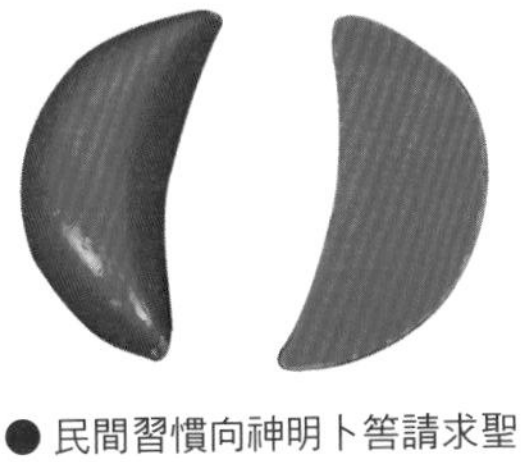

● 民間習慣向神明卜筶請求聖杯的應允指示／謝宗榮攝

眾解決心中的疑問。若信徒感恩神明的恩德，再自行添些許香油錢以示感恩。

79．筶杯的起源是什麼？聖杯、伏杯、笑杯是什麼？

答 卜筶是傳統漢人社會中常見的卜問神意之信仰行為，又稱擲筊、擲杯、跋杯。筊杯為民眾常用的占卜工具，是信眾與神明之間溝通卜問指示的祀具之一。「筶」民間通稱為「筊杯」或「杯」，為傳統的卜筮用具，一副兩片，信眾以之祈求神明指示，以筊杯祈求神祇指示的行為稱為「卜筶」（卜杯）。

筶的使用可追溯自古代以貝殼進行占卜的傳統，古代也稱為「杯筊」，或作「杯珓」、「珓杯」。關於「杯珓」兩字的字源，宋代學者程大昌在《演繁露．卜教》中言：「後世問卜於神有器名杯珓者，以兩蚌殼投空擲地，觀其俯仰，以斷休咎……或以竹，或以木，略斲削使如蛤形，

● 道士習慣使用的銅製貝殼杯，有非常古老的歷史淵源／謝宗榮攝

● 廟方提供的竹頭杯和一般筶杯／李秀娥攝

● 價錢不斐的竹頭杯／謝宗榮攝

而中分為二，有仰有俯，故亦名杯珓。」[66]大意是說古代是用蚌殼投擲於地，再視俯仰狀況，來斷吉凶。後來才逐漸改用竹子或木片，但仍做成蚌殼狀來替代。因蚌殼可如杯子般盛水，是為「杯」；珓的發音和「教」的發音類似，表示借由杯珓的仰俯情況傳達神佛之意給予指示，於是使用「珓」一字。[67]台灣當代的道士仍保留古俗，以金屬製貝殼狀的兩只小筊杯，紅繩串之，行法時並於桌上或跪於地面卜筶使用。

而當代所見之筶，其形式多作中央圓、兩端尖的新月形，以平坦的一面為陽面，浮凸的一面為陰面，其材質通常為竹頭或木材，若是竹頭所製，也稱為「竹頭杯」，竹頭杯工整漂亮者價值不斐，一副可能價值三千六百元以上。一般木材者價格便宜，可能一副五十元就可買到。

台灣目前通行的卜筶程序，在進行卜筶前須先向神祇上香稟明姓名、地址與所欲請示的問題，其次再以筶請示神明是否同意給予指示，然後才可正式針對心中的問題來提問卜筶。卜筶時，先將筊筶在香爐上方順時針繞幾圈，然後再擲地觀察兩片筊筶呈現的狀態：有分三種結果：

66 • 宋．程大昌，1991，《演繁露》。北京：中華書局。同見《漢語詞典》條目〈杯珓（盃珓）〉。

67 • 參考《維基百科：自由的百科全書》〈擲筊〉、〈筊杯〉條。

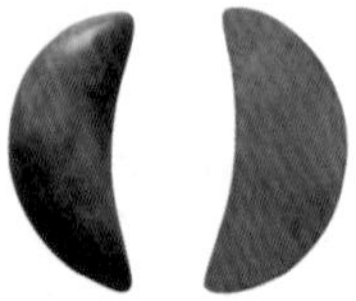

一陰一陽為聖杯，此為肖楠木製的筶杯／李秀娥攝

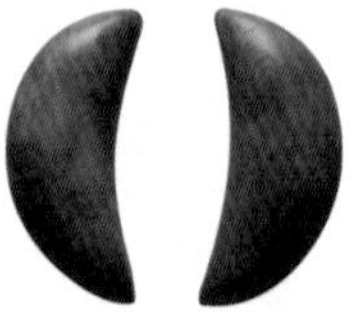

兩陰為伏杯／李秀娥攝

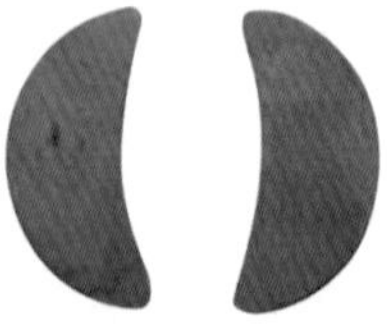

兩陽為笑杯／李秀娥攝

(1)聖杯：以一陰（凸面朝上）一陽（平面朝上）為聖杯，表示神明給予肯定的指示。

(2)笑筶：兩者皆陽（平面朝上）為笑筶，表示神明開心在笑，或是不置可否。

(3)伏杯：兩者皆陰（凸面朝上）為哭杯（伏杯、怒杯），表示神明不同意，或是否定、不高興的意思。

若是求籤，往往還會配合求籤的籤桶、籤詩、解籤簿，以供民眾參考。有的廟宇還會有專門的解籤老師服務，幫信眾解決心中的疑問。

台北內湖文湖福德宮的聖籤筒／李秀娥攝

筊杯的大小不一，通常大小以手掌能握住為主，但也有廟宇特別製作大型筊杯，在民間信仰中，特殊尺寸的筊杯也必須請示神明是否合意。大型筊杯一般是由雙手捧著金紙，如大箔（百）壽金或壽金，筊杯再放在金紙上，雙手握好壽金，再將筊杯於空中拋起使其落下。此常見於廟方卜問重要事務時，像卜值年的頭家爐主、慶典日期、刈香，或繞境起馬的出發時

間、建醮事宜、卜四大柱醮首人等。

在臺灣的道教廟宇或民間信仰的廟宇，在神桌上幾乎都會設置數對以上的筊杯，好讓求籤者、信眾或廟方的頭人主事者，方便向虔信的神明卜筊請示指引方向用。「筊杯」簡稱「杯」，故台語說的「擲筊」又名「跋杯」。

此外，一般民家屬傳統道教或民間信仰者，家中神明廳安奉有神明彩或其他神明者，往往也會備有一對筊杯，以供日常請示問題之需。若家中供有祖先牌位者，想請示問題時，也可使用筊杯。除非是針對新亡的祖先或親人，在未滿一年或三年，尚未合爐，未成為祖先神時，在請示時新亡的祖先魂時，不能使用「筊杯」，只能用兩個銅板（鎳幣）充作卜筶的杯具，來請示其意見。

現代因應科技產品的發明，有許多廟宇也採用了塑膠製的筊杯。此外，除了實體的筊杯外，因應電腦科技層次的提升，許多廟宇也有日漸電腦化管理的趨勢，因此也有網路卜筶、求籤的相對服務出現，以因應現代化的年輕族群幾乎都會使用電腦、智慧型手機等的信仰模式。也可服務遠距離的信眾，即時給予神明慈悲的指引，好幫助各階層的信眾解決他們心中的各種煩惱困惑，讓當事者可以為自己的下一步或未來的人生，繼續堅持不懈與努力奮鬥。[68]

● 嘉義朴子配天宮的籤詩櫃／謝宗榮攝

68 • 參照謝宗榮撰，「全國宗教資訊網 - 宗教知識家線上百科」之「宗教知識 - 宗教器物」：「筊」條，略做增補。

80．如何向神明求籤詩指引迷津？

答　台灣目前通行的卜筶程序，在進行卜筶前須先向神祇上香稟明姓名、地址與所欲請示的問題，其次再卜筶請示神明是否同意給予指示，然後才可正式針對心中的問題來提問卜筶。卜筶時，先將筊筶在香爐上方順時針繞幾圈，然後再擲地觀察兩片筊筶呈現的狀態，以一陰一陽為聖杯，表示神明給予肯定的指示；兩者皆陽為笑筶，表示神明開心在笑，或是不置可否；兩者皆陰為哭杯（伏杯、怒杯），表示神明不同意或是否定、不高興的意思。

若是卜筶求籤，廟宇往往還會配合求籤的籤筒、籤詩、解籤簿，以供民眾參考。籤詩除了基本的籤詩外，還有籤頭（籤王）和籤尾，放在籤詩櫃的最上層，不計入所有的籤詩中，例如六十首籤詩的，就共有六十二首籤詩。一百首籤詩的，含籤頭（籤王）和籤尾，就共有一百〇二首籤詩。一般抽中籤王或籤尾的，往往指引信徒多多添香油錢，可以庇佑添福添壽。

● 台北內湖文湖福德宮的六十首籤詩／李秀娥攝

81．你知道籤詩有分「運籤」和「藥籤」？「藥籤」還有分大人科、小兒科嗎？

答 一般傳統廟宇的籤詩，主要可分兩類，一是「運籤」，一是「藥籤」。「運籤」也是許多廟宇提供給大多數信眾卜筶祈求問事的服務。「運籤」內容多有指引：買男兒、出外、作事、六甲、歲君、官事、年冬、移居、求財、大命、失物、功名、婚姻、求雨、來人等項目的問事服務，所以是為一般籤詩的「運籤」。也有的籤詩指引的項目是：功名、生意、出行、疾病、婚姻、失物、官司、厝地、丁口、田畜等。

若為「藥籤」，則因應神明指示針對病患信徒的藥材和份量的提示，加上成人和幼童的體質不同，藥量自然也是不同，所以還要分成「成人科」和「小兒科」的不同藥籤和籤詩，而且指引的藥籤主要為傳統的漢藥材和藥方。

在古代社會，特別是一些主祀神有供奉醫藥神的廟宇，多會提供藥籤的服務，例如神農大帝廟、保生大帝廟。有的廟方設有「內科大人」的藥籤供民眾卜問，例如以嘉義魍港太聖宮的內科大人第五十號藥籤籤詩，內容如下：「糯米一錢　烏豆二粒　白古月二粒　紅棗七粒　水燉服」。如以台南歸仁仁壽宮的小兒藥籤第一首籤詩為例，內容如下：「大黃　黑丑　白丑　洋蔘　檳榔各五分　各等為末蜜水調服有用人蔘。」

二十世紀後進入現代社會的台灣，中西醫藥發達，加上衛生署醫藥法管理的規定，禁止密醫的醫療行

● 台南興濟宮信徒被神明把脈求藥籤／謝宗榮攝

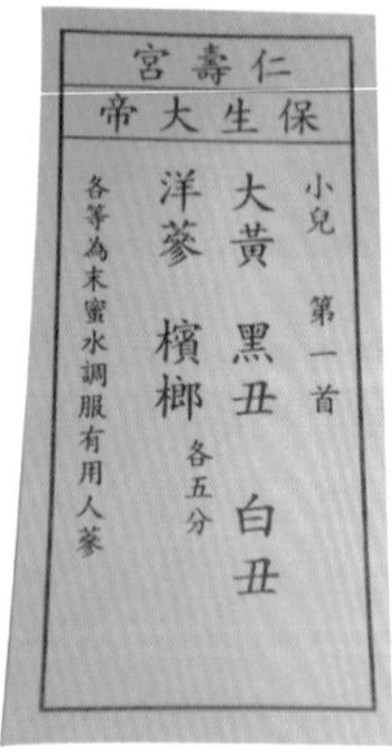

● 台南歸仁仁壽宮小兒藥籤第一首／李秀娥攝

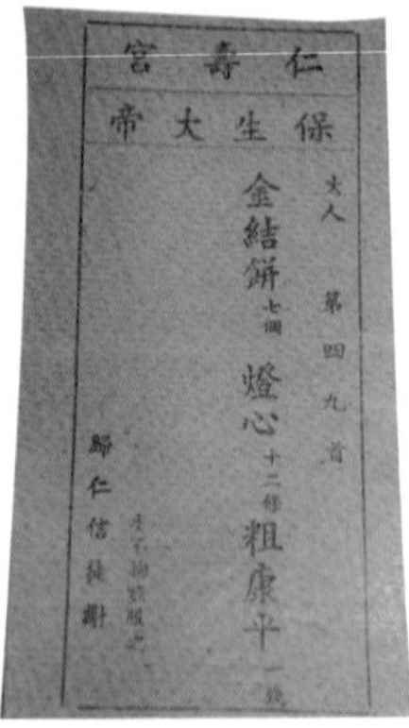

● 台南歸仁仁壽宮成人藥籤第四十九首／李秀娥攝

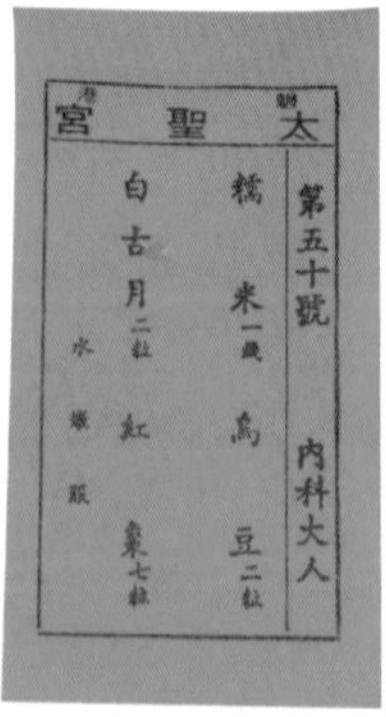

● 嘉義魍港太聖宮成人藥籤第五十號／李秀娥攝

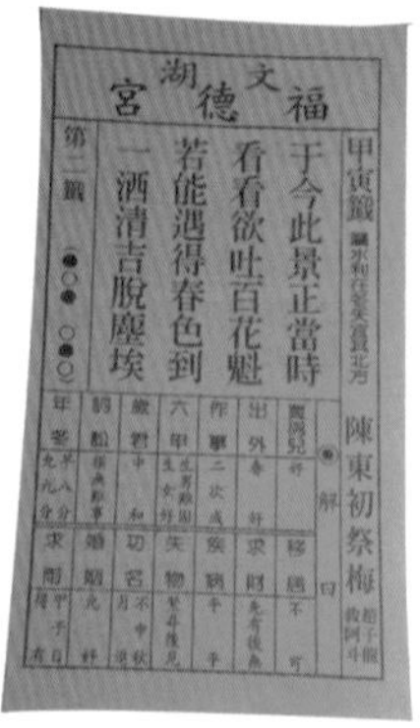

● 台北內湖文湖德福德宮運籤第二籤／李秀娥攝

為，以免危害百姓的健康，所以對於不是正式醫療管道的醫藥服務一概禁止，許多廟方的藥籤也因此收起來，怕給政府找麻煩。有些鄉下地區，因天高皇帝遠，廟方仍會提供藥籤的服務與擺設，讓民眾跟隨神明的指引，再去中藥房買藥材回家熬藥吃。

82．什麼是抽中「籤王」？什麼是「籤頭」？什麼是「上上籤」？什麼是「下下籤」？

答 一般「運籤」中有分為「籤頭」和「籤尾」，以及中間的第一首籤詩到末首籤詩，例如六十首籤詩的就共有六十二首籤，一般卜筶抽中籤頭的，即稱為「籤王」，其內容若以台北內湖文湖福德宮的六十首籤詩為例，「籤頭」內容如下：「籤頭百事良，添油大吉昌；萬般皆如意，富貴福壽長。」至於該廟的「籤尾」內容與「籤頭」極為類似：「籤尾百事良，添油大吉昌；萬般皆如意，富貴福壽長。」

除了中間的一般「運籤」之外，也有的廟宇會直接加上「籤

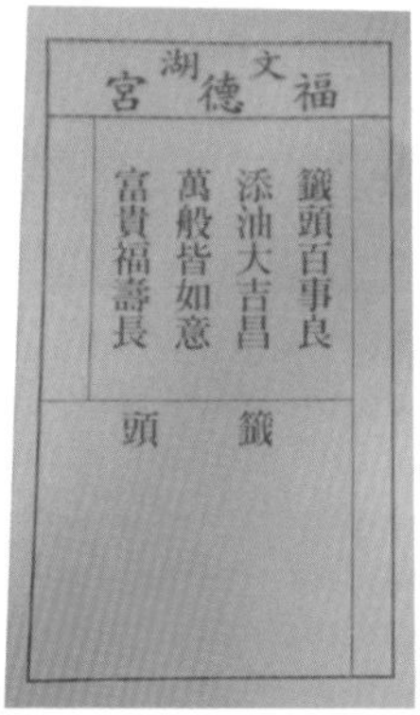

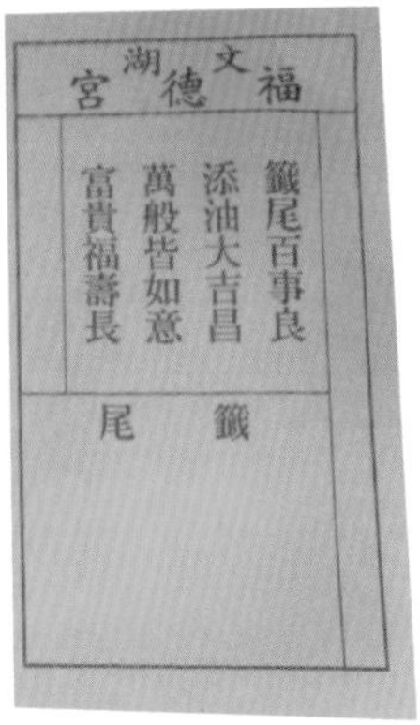

● 台北內湖文湖福德宮運籤的籤頭和籤尾／李秀娥攝

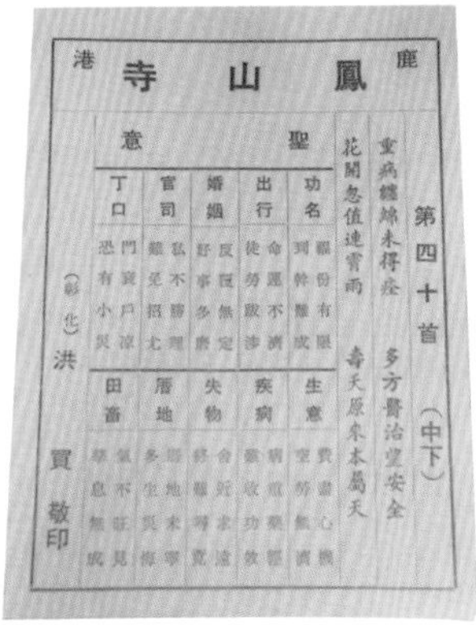

● 鹿港鳳山寺第四十首～中下籤／李秀娥攝

王」，例如：新莊地藏庵的「籤王」籤詩內容如下：「任祈所求皆大吉，一向前途振輝騰；抽得籤王萬事成，添油三斤點佛燈。」若以樹林濟安宮的「籤王」籤詩內容則為：「六十靈籤添一支，未來過去我先知；萬事清吉皆如意，誠心添油正合宜。萬事總吉，求財外出吉。孕生男。婚姻平。病人離。」也有人主張萬一抽到籤王的話，就是量力而為的添油香，也有認為這樣神明並沒有直接針對問題回答，所以會多再抽一張籤詩，當作是針對自己心中提問的指引。[69]

有的廟宇所提供的籤詩有分吉凶，吉凶籤數比例不一，有分上上籤、中籤、下下籤，中籤還有中上、中、中下之別。有的廟上上籤比例較多，可以多達四十多首，有的則是三十多首，有的廟下下籤則可能多達二十多首，有的廟則只有一支下下籤而已。有的廟則沒有上上籤或下下籤之標示，而只有上籤、中上籤、中下籤之別而已，而抽中「中下」籤的，也已經是運勢很不好的籤詩了。

據新聞報導還有女信徒到知名的烘爐地南山福德廟求得一支下下籤，她心裡真的很不舒坦，為了一解鬱悶心情，乾脆去買彩券，結果竟然讓她抽中頭彩二百萬元，讓當事者發現，原來是神明跟她開了個大玩笑。[70]所以若遇有事求籤求得下下籤時，也不必太灰心喪志，而可以針對所求問事情的內容與方向，提醒自己要特別注意或小心調整改善的地方，不必一直耿耿於懷。

答 中華文化的傳統信仰中，為神佛上香有很古老的傳統，佛教徒習慣獻臥香，至於道教徒或民間信仰等，習慣獻線香，上香香柱數目有上三柱或獻一柱的香，一般有說獻高階或主神神明為三柱，其餘

● 內湖逍遙道壇獻香現捲圈的奇香／李秀娥攝

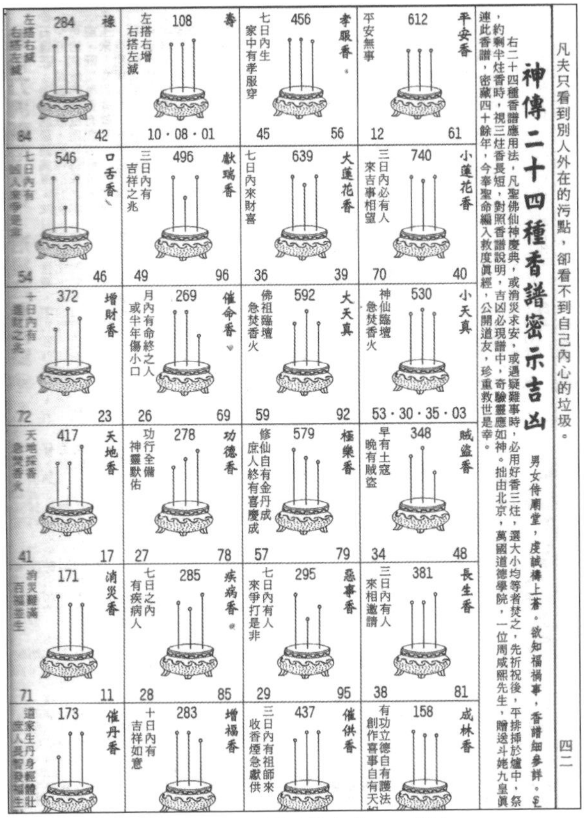

● 民間流行的神傳二十四種香譜／引自《2009 傳統民曆：龍井無極天道監修宮》，頁 42。

69．參考保庇NOW網頁，2019年6月20日，〈抽到籤王很煩惱？其實應該這樣看〉。

70．參考「自由財經」鄭琪芳報導，2016年12月2日〈抽到下下籤後 婦人刮中200萬一掃陰霾〉。

偏殿神各上一柱香。至於民間逢喪禮時，靈位前，則有強調為新亡者一次獻二炷香的，以示陰陽有別。

但是古來民間即有「神傳二十四種香譜密示吉凶」供人參考，是古代由中國大陸傳入台灣，被收錄於民間各廟宇的農民曆中，方便民眾的參考。裡面提醒如何使用香譜的說明如下：「男女侍廟堂，虔誠禱上蒼。欲知福禍事，香譜詳細參右二十四種香譜應用法，凡聖佛仙神慶典，或消災求安，或遇疑難事時，必用好香三柱，選大小均等者焚之，先祈祝後，平排插於爐中，祭祀畢，約剩半炷香時，視三炷香長短，對照香譜說明，吉凶必現譜中，奇驗靈應如神。拙由北京，萬國道德學院，一位周咸熙先生，贈送斗姥九皇真經，連此香譜，密藏四十餘年，今奉聖命編入救度真經，公開道友，珍重救世是幸。」[71]

● 台南重慶寺信徒供油燈／李秀娥攝

若要參考二十四種香譜指示，則必須一次上三柱香，平排而插，等香過一半時，依線香燃燒後的高低狀態，再來對照香譜的指示，即可獲知該次上香祝禱，神明有何指示。裡面有吉有凶，遇凶兆，如賊盜香、孝服香、疾病香等，可以讓信眾預先小心提防，心裡有譜；若遇吉兆，或是增財香、增福香、增壽香、增祿香，或者有勉勵信眾修丹培福之意的極樂香、功德香等。民間普遍流傳的是二十四種香譜，後來還流傳有更複雜的七十二種香譜，但後者少見於民間的農民曆上，所以較不為一般人所知悉。

84．什麼是「添油香」？

答 人們崇奉神佛，為表達崇敬之心，加上求神問卜經過神明的指點與庇佑，心裡感激神佛的慈悲護佑，便量力而為的敬獻神明添幾斤的香，或添油、獻蠟燭、金紙等，供給廟方的日常使用，使其常保香火興旺，所以常將人們敬獻給神明的香或油稱為「添油香」，延伸至敬獻金錢回饋神明，供給廟方財物使其順暢能正常運作的，也通稱「添油香」、「油香錢」、「香火錢」。

廟方也會提供一些基本的服務，如平安符、香火袋、平安米、農民曆、沿革簡介、持珠、佩珠、小神衣等結緣品，讓民眾求取或索取，民眾再隨喜捐獻，通常這種捐款都會讓民眾自行投入功德箱內。

所以一般廟裡往往會在廟內明顯處設有「添油香」、「油香錢」、「香油錢」、「功德箱」、「敬獻箱」、「賽錢箱」之類的密封箱子，只留一細長的開口，讓人可以將錢投入其內，又不易從外面私自取走。不過也因此有宵小，會趁沒人留意或是深夜人靜時前來偷取油香錢，所以廟方都要小心派人定期清點油香錢。

71．引自2009，《2009傳統農民曆：龍井無極天道監修宮》，頁42。

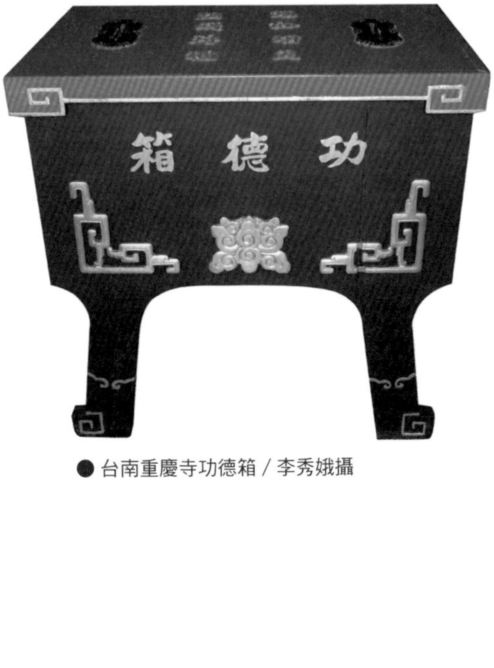

● 台南重慶寺功德箱／李秀娥攝

● 雲林馬鳴山鎮安宮廟方提供的結緣品／謝宗榮攝

● 羅東爐源寺實木桌形的功德箱／李秀娥攝

85.有事請求時，如何向神明許願？為何許願後一定要記得還願？

答 當信徒心中有困難無法解決，希望尋求神明的指引，幫忙達成願望，往往會在祝禱時，稟明倘若神明慈悲應允促成願望達成，便會量力而為的還願。當願望達成後，必敬備供品（水果或牲禮）向神明答謝，有的還會許願答謝戲齣，有分謝大戲或謝小戲，大戲是指歌仔戲，小戲是指布袋戲，後來工商社會，也盛行謝電影戲齣的。謝歌仔戲者，也有盛行神誕期時謝扮仙戲的。

當信徒許願將來願望實現後，會來還願而獲得神明的一聖杯或三聖杯應允後，倘若日後神明實踐祂的特別庇佑，暗中協助信徒心願達成時，許願者也必須信守對神明的承諾，有些神佛會特別要求信徒守誠信，不然可能信徒又會開始遭遇不順遂，這才突然發現他（她）忘了信守對神明的還願承諾了。

以前常有新聞報導見泰國四面佛的女信徒曾半開玩笑許願將來會跳脫衣舞或豔舞還願之事，結果四面佛真的助她願望實現了，她卻遺忘此事，而導致運途很不順後，發現原來她不能食言，才再飛去泰國四面佛前，圍起布幕，在裡面跳脫衣舞或豔舞還願的事蹟。因為當地傳說四面佛喜歡人間美的事物，所以四面佛喜歡看信徒跳舞還願。有時候神佛也會讓信徒作夢來提醒記得將來要還願之事，所以倘若有向神佛許願，真的得記得還願才不會運途不順遂。

86．什麼是神明所賜的「藥引」？

答 有些人向神明求問身體疾厄方面的問題，希望獲得神明的信物加持力的幫助，推動中藥房漢藥方的功效，所以往往會前來廟方卜筶，求取神明的信物當作「藥引」，例如：挖取木雕神明的底座一小片，搭配中藥熬藥再給病患服下。由於許多木雕神像雕刻，大多數採用樟木，可防蟲蛀，但是仍有別的材質的木雕神像，所以有些古老的神像依然會遇到蛀蟲的損害。神柴經過神明本身的加持力，傳統信仰認為更加靈驗，所以有些香火鼎盛的神明，如觀音菩薩，祂的神像底座長久下來，就被需要藥引的許多信眾，陸續挖出很大的凹洞或溝槽來。這也是象徵神明慈悲願意自我犧牲，解救眾生病苦的慈悲心。所以向神明取身上木片當藥引，這是民間傳統信仰上流傳許久的古老習俗。

87．什麼是神明賜予的「爐丹」？

答 各寺廟的神明經由駱繹不絕的信徒與香客，經年累月的獻香祭拜，香灰累積在神聖的香爐內，便

● 苗栗仙水協靈宮主神九天玄女／李秀娥攝

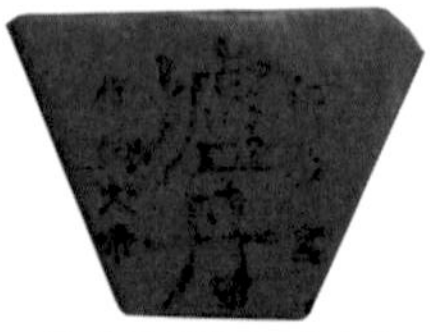

● 台南歸仁仁壽宮的爐丹／李秀娥攝

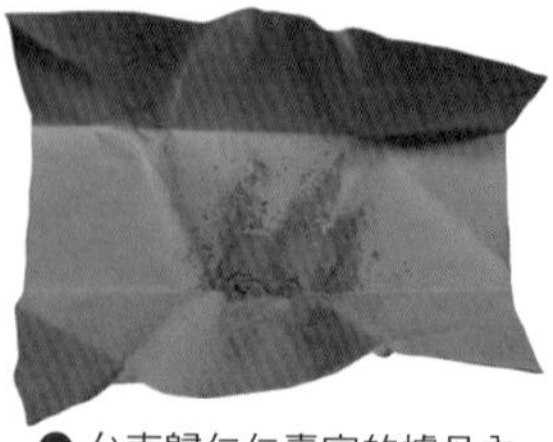

● 台南歸仁仁壽宮的爐丹內包香灰／李秀娥攝

被視為經過神明特別加持過的靈丹妙藥，所以有「爐丹」之說。就像太上老君知名的煉丹爐，平常得有顧爐童子守護，要留意好火候，以免藥材過熟或藥材蒸煮時間不足，這樣無法充分發揮藥材最完善的特性。

民間之所以會重視將神明的香火當作神聖的爐丹來服用，自有其非常古老悠遠的淵源，因為「服餌金丹可求長生不老，是道教的重要信仰。這裡的金丹指外丹。道教煉丹術有煉外丹和煉內丹之分。以丹砂、鉛、汞等礦物石藥為原料，用爐火燒煉，叫煉外丹；以人體內的精、氣、神為『大藥』，把身體當作爐鼎進行內修，叫煉內丹。」秦始皇也相信長生術，數度派人前往海上尋訪長生不老藥，可惜並未成功。「丹砂古代稱為『丹』，是一種紅色的礦物。漢代還流傳著『服金者壽如金，服玉者壽如玉』的說法。」

● 苗栗仙水協靈宮是許多靈修者必須朝聖的聖地之一／李秀娥攝

● 苗栗仙山靈洞宮的仙丹／李秀娥攝

「直到魏晉時期，葛洪仍說：『夫丹之為物，燒之愈久，變化愈妙；黃金入火百煉不消，埋之畢天不朽。服此二物。煉人身體，故能令人不老不死。』又說：『草木燒之即燼，而丹砂煉之成水銀，積變又還成丹砂，其去草木亦遠矣，故能令人長生。』」[72]也因為古代煉丹是採用礦物石藥，而且會服入體內，稍有不慎長期服用便會重金屬中毒身亡，反而沒有達到長生不老的效果，所以必須非常謹慎服用。

「煉丹術士們相信，煉大丹需時一年，方才五行完滿，四象齊全，經歷一年十二個月之『周天大造化』，只要『更漏分明，用火不失斤兩，節候有準，漸漸如蒸物，年月滿足，自然成功』。因此，丹爐一旦舉火，必須有人日夜守望，準確計時，按時添減炭火。《參同契》說：修煉之士須上知天文，下知地理，達陰陽，窮卦象，並節氣休旺，日時升降，火候進退、鼎爐法則。」「凡煉丹，須是清虛之士三人共侶，同心結願惟望丹成。將欲下手，先須齋戒，醮謝穹蒼。一人管鼎器，添換水火；一人輪（論）陰陽，更變造化卦象，進退水火隨其節候。三人所管，故不得分毫有差。葉真人云：午夜守衛，三人共虔禱祝，雖然各分所管，逐集須臾更替，夜間遞相眠歇。蓋有晝夜不停，日月時刻長，恐修丹之人久遠困劣，有誤修制。」[73]可見在古老的煉丹過程中，須以虔誠的心與齋戒來煉丹，其中火候的掌握尤其重要，而且要團隊合作，輪流守護，以免火候過熱或不及。

源於中國古代道教的煉丹之術的重視與流傳，以求長生不老術或神仙之術，後來延伸成為經過廟宇香爐內的香枝燒化後，長年累積的神聖香火（香灰），便成為意寓為神明所加持或超自然力量煉製過的靈丹妙藥，也就是所謂的「爐丹」了，求得爐丹服用後，民間相信服用者也會獲得神明的特別庇佑，而疾病痊癒或更加身強體健。

有的廟宇會將「爐丹」稱為「仙丹」，讓有緣的信眾卜筶求取，例如苗栗仙山靈洞宮和苗栗仙水協靈宮（主神九天玄女），皆稱為「仙丹」，許多走靈山的靈修者，九天玄女幾乎是必須會靈拜見的重要神祇，而仙山靈洞宮和上去一點的仙水協靈宮，則是必須朝聖的聖地。

傳統古法製作的線香香料比較天然，是含有漢藥香料所製，服用較安全。後來的線香製作上，有的會添加現代的化學香料，若要服用這種香灰的爐丹，就必須很謹慎了。真正生理上的疾病，必要時還是應該看醫師求診比較好，以免延誤病情。

88．怎麼求神明的「中甌茶」？

答 各廟宇供神佛，在傳統習俗上除了一般的燈、燭、香、果等供品之外，基本上都會獻上三杯清茶，並有廟方的服務人員或效勞生早晚更換供茶。民間人士相信獻給神佛的清茶也是經過神佛加持力庇佑過的供茶，若有需要時，求得神明中間那一杯的供茶來飲用，會特別神清氣

72．金棹，〈一〇七、道教服丹成仙的信仰是怎樣的?〉，王卡主編，1996，《道教三百題》。台北市：建安出版社，頁331-332。

73．金棹，〈一一二、金丹的煉製過程是怎樣的?〉，王卡主編，1996，《道教三百題》。台北市：建安出版社，頁349。

● 神明的供茶，中間那杯即是中甌茶／李秀娥攝

爽，若身體不適者，有的喝了供茶也會好轉，所以中間那一杯供茶就稱為「中甌茶」。國人傳統的信仰文化觀中，以中間為尊，左尊右卑，因此三杯供茶中，就以「中甌茶」更為神聖。

在求神明的「中甌茶」時，可以稟明信徒的姓名、地址、目前身體不適的狀況，因此希望求得「中甌茶」來飲用，請神明庇佑信徒早日康復等等。再卜筶請示，看廟方的習慣，有些地方的廟宇要求卜筶請示都要三杯聖杯才算數，但是有些地方廟宇則強調「大神大允」，一杯聖杯即算數。

89．平安符是什麼？符是怎麼畫出來的？符的基本結構是什麼？

答 平安符為道教和民間信仰常用的符令或靈符之一，不分男女老少，常為隨身保佑平安之用，而有「護身平安符」之稱，若用為鎮宅之平安符，則稱「鎮宅平安符」。符令是一種具有驅邪除祟功能的宗教性圖文，在儀式中通常與咒語同時使用，並稱為符咒，用來作為溝通神鬼的重要媒介。傳統上符令多由法師親手繪製，但台灣寺廟為了因應眾多民眾的需求，多以版印方式印製符令，然後再蓋上鐫刻神祇名諱或宮廟名稱的朱印，而許多早期的木雕符令印版也成為精緻的民俗工藝。

而平安符的符令結構可分為三部分：符頭、符身（符

● 鹿港富美宮蕭府王爺平安符／李秀娥攝（左）
● 鹿港乾清宮玄天上帝平安符／李秀娥攝（右）

膽）、符腳。符頭書寫三個「√」，代表道教最高神三清道祖。符身多為奉某某宮廟神祇之號令，而有「勅令」之字樣，並書明此道符令之功能如驅邪、護身、鎮宅等，而有隨身平安、安鎮陰陽、保佑民安、鎮宅平安、鎮宅光明、合家平安、合境平安，以及「掃去千災解厄難，招來百福集禎祥」、元亨利貞等字樣，以及有的會加繪太極八卦、河圖洛書等圖樣，加強平安符的靈力。符腳的形式類似畫押，代表道士、法師受籙而能使用符令的印證，如書寫「罡印」的道教複合字。

最後在平安符令上還要加蓋一紅色的神明法印，以示經過神力的確認。護身用的平安符尺寸較小，多為紙質，常被折成六邊形放入香火袋內，隨身攜帶，或掛在車上，來保護人身（車）的平安而不被邪靈侵擾。鎮宅用的平安符尺寸一般較大，有紙質和布質兩種，張貼在大門門楣上，或是放在神桌上，用以保護家宅平安。除此之外，也有寺廟在平安符上印製神像而類似神禡的形式，別稱為「大符」，如寺廟在建醮、禮斗時所印製的「天師鎮宅符」。[74]

● 鹿港奉天宮蘇府大王爺的香火袋和天地掃／李秀娥攝

● 新莊保元宮中壇元帥平安符，已折成八卦形／李秀娥攝

74 • 引自謝宗榮、李秀娥，2016，《圖解台灣民俗工藝》（圖解台灣11），台中：晨星出版公司，頁268-269。

90．不小心卡陰或卡到靈時，可以怎麼護身保平安？

答 由於每個人生下來的八字命理不同，所以體質和生活經驗也會不同，民間相信有些人生來八字比較重，例如四兩以上，比較不會遇到奇奇怪怪的事，但是有些人生來八字較輕，例如二兩多的，當時機成熟時，就比較容易遇到別人不太會遇到的靈異事件。所以八字輕的很容易成為敏感體質，就比較容易遇到卡到陰，或卡到靈的事件了。據說命格帶魁罡的，氣運也重，所以陰邪不易侵擾。

有些敏感體質或是慈悲的修行之人，去到陰氣較重的場所，例如殯儀館、火葬場、墳場、醫院、納骨塔、事故地點等場所時，很容易發生頭暈、頭暈沉、頭痛、太陽穴邊有一絲抽動、肩頸突然酸疼像被人按壓、噁心、想吐、腰部突然酸疼無法久站等。若被冤親債主的靈作弄嚴重者，或者會被陰邪煞到昏厥休克，或自此生病許久、不斷跌倒、受傷、車禍、衰運連連等的狀況皆有。

● 台北關渡宮媽祖平安項鍊／李秀娥攝

有些慈悲心的修行人卡到靈後，身體會有暫時性的不舒適，其實是那些受苦眾生在尋求超渡他們的有緣人，所以有修行的宗教人士，往往知道後，會透過他們各自的修行方式，多為他們舉辦超薦法會，多念經、念佛、念咒、化往生蓮花等來回向功德給這些受苦的眾生靈。

至於沒有習慣作日常修行功課的一般人卡到靈後，最好還是能夠到有緣的宮廟或道壇，請法師幫忙超薦亡靈或冤親債主，並求取五雷令或是其他的神明香火袋、平安符等，隨身攜帶保平安。此外，可以建議當事者最好還是可以多念些護體的咒語或佛號，道教徒可以持誦〈金光神咒〉，佛教徒則可以時常持誦〈準提佛母咒〉、〈大悲咒〉、〈心經〉、佛號「南無阿彌陀佛」等，慈悲的將功德回向給受苦眾生，這樣也可以漸漸改善敏感體質者不斷卡陰、卡靈的困擾。當這些受苦眾生的功德要足了，他們就會自行離去。只是走了一批，可能又會來下一批受苦眾生靈的求助，所以人生慢慢地就會隨緣走上修行的路了，因為這是一種訓練我們不斷展現慈悲心的修行與考驗方式。

91．到廟宇拜拜有何禁忌與規矩要注意？

答 一般傳統信仰中，到廟宇拜拜有幾項禁忌要遵守一下：(1)月經期的婦女，不要去碰廟中的重要法器，以免污染法器的神聖性，或讓法器失去法力；(2)產婦或踏入產房者，也盡量不要去碰廟中重要的法器神聖之物，包括廟方供人求取的甘露水等，這皆會被視為不潔，會污染到神聖的東西，使其失去效力；(3)一年內家有喪事者，也不要進入廟內。盡量在廟外合掌敬神就好，千萬不要入廟去碰觸廟方的重要聖物或法器，因為家有喪事在傳統觀念上，是嚴重不潔的，磁場不好，會污染廟裡神聖的事物。傳統上一般上述三種人，都被強調要遠離廟方，尤其是不要碰觸乩童、法師、法器等。

還有一般入廟，強調要「入龍喉、出虎口」，所以強調盡量從廟的龍邊進入廟裡祭拜，之後再從虎邊出廟門，取其「入龍喉、出虎口」有驅邪納福、吉祥平安之意。上香時也先從天公爐上香，再轉入正殿參拜主神，次拜龍邊偏殿的神明，後拜虎邊偏殿的神明。虎爺一般被供在正殿神龕下方，也不要忘記參拜下壇將軍虎爺。

正殿參拜完後，再去後殿或上樓參拜別殿神尊，有些廟宇廟埕還會有供五營將軍，所以五營將軍最後參拜。若是五營將軍設在廟內者，則入廟後依序參拜即可。

92．為什麼傳統信仰中女性的經血會被視為禁忌與不潔？

答 婦女的月經與懷孕生育和人的死亡事件，在中國的社會文化中，會被視為嚴重的污染源，據人類學者李亦園先生的分析，在中國傳統文化中，所謂「紅色」除了可象徵驅邪吉祥而避免污染之正面功能外，卻同樣也具有象徵污染的負面功能，尤其是被用於指稱具有生育能力的婦女之生理變化方面，這可算是對於不同性別的「社群對立污染」：「污染的觀念也常被用在強勢社會群體對弱勢群體的相互關係上，男女兩性之間就是最明顯的例子，在男性支配的社會中，弱勢的女性就常常被形容是污染的根源。世界上許多社會中，男性專用的東西，如武器、工具等等，都不准女性觸摸，否則就會引起污染，使武器失靈、工具失效，在特殊儀式和神聖的地方，也不准女性參加，那是怕女性污染。今天，在臺灣鄉村裡女性遇到生理期就不敢到廟裡去燒香，連她們自己也以為是污染之源。……不僅女性生理期認為是污染，而且與生育有關者也都認為有污染的危險，生育時產房是很忌諱的，也就是怕污染。古時候生孩子時留下的胞衣要放在罐子裡丟棄在潭底，就是認為那是污染中之最危險者。」[75] 也因上述這種性別對立的污染觀念之影響，婦女的確比較會被禁止參與重要的民間宗教祭祀活動中的神聖場合，以免因為生理變化的不潔而污染和破壞了儀式活動的神聖性。

然而，上述婦女經期、孕婦、坐月子者等的不潔禁忌，被人類學者視為「性別族群對立的污染觀」，而喪家的不潔禁忌則是「超自然的污染觀」來解釋，因而在宗教儀式和活動上的人事物，皆非常謹慎的與之保持距離。

93．為何坐月子的產婦與踏入月內房者，不要碰觸廟裡的法器？

答 對於婦女或是擁有生育能力的婦女方面的禁忌，源於中國相當古老的陰陽宇宙觀之影響，東漢班固彙編的《白虎通》言：「故乾鑿度云：『太初者，氣之始也；太始者，形之始也；太素者，質之始也。

75 李亦園，1992，《文化的圖像》（下）（允晨叢刊38），台北：允晨文化實業股份有限公司，頁209。

陽唱陰和，男行女隨也。』」[76]可知在中國陰陽宇宙觀中男性被視為陽性，而女性被視為陰性。

又《三才圖會》〈身體五卷〉篇言：「六部之脈，春夏與秋冬不同，春夏天氣在上，人氣亦在上，其時為男，其脈寸盛而尺弱；秋冬天氣在下，人氣亦在下，其時為女，其脈寸弱而尺盛。女人反此，因其時而有其脈也，看春夏之脈寸盛尺弱而為之平，看秋冬之脈寸弱尺盛而為之。」同卷診婦人有妊歌部分記載著：「肝為血兮，肺為氣，血為營兮，氣為衛。陰陽配偶不參差，兩臟通和皆類例。（肝藏血肺，主氣。血屬陰，為營而行脈中。氣屬陽，為衛而行脈外。氣升血亦升，氣亦降血亦降，陰陽配偶，無一毫之參差。三陰三陽舉皆兩臟之通和，而類其例焉。）血衰氣旺定無妊，血旺氣衰，應有體。（素問曰：金木者生殺之本始，木多而生，金多而殺。）」[77]

上述可知中國傳統文化特質中，陰陽是屬二元對立思維的概念範疇，與結構人類學李維史陀（Claude Levi-Struss）所提出的「生食與熟食」、「自然與文化」的二元對立思維觀非常類似。[78]亦即屬「陽性」的男性一詞，可對等於「春夏」、「天氣在上」、「人氣在上」；而屬「陰性」的女性一詞，可對等於「秋冬」、「天氣在下」、「人氣在下」等概念。由於女性相對於男性的陽性而言，則屬陰性，若進一步以婦女之懷孕狀態的陰陽屬性來看，因為在中國傳統的身體觀中「氣屬陽、血屬陰」，而女性的懷孕特徵則為「血旺氣衰」，所以相對於陰陽觀而言即為「陰旺陽衰」之兆。

也正由於中國的陰陽宇宙觀中，呈現著：陽為日、為天、為乾、為男、為生、為氣；而陰為月、為地、為坤、為女、為死、為血。所以在中國文化中女性相對於男性而言，是被視為陰性的屬性，而懷孕的婦女則亦呈「陰旺陽衰」之屬性；至於與死亡有關的聯想，則與四時中的「秋，怒氣也，故殺」和

「冬，哀氣也，故藏」二者之概念範疇有關，由於在中國陰陽二元思維的宇宙觀下，四時可被視為秋冬與春夏二者相對，前者特徵為「陰長陽消」或「生氣死」，而後者則屬陰消陽長的特性。

故在重視陽性與男性的中國傳統文化思維中，女性和喪家則皆被歸為陰性的對立範疇中，甚至是女性的生產育子部分，其特別被強調為陰性的部分，也源於上述的陰陽消長觀之影響，而推衍出日常生活中任何吉事皆須與懷孕生子之婦女相避諱，以免招引不祥之兆。例如，漢代王充於《論衡》的〈四諱篇〉言：「俗有大諱四：一曰西益宅，西益宅謂之不祥，不祥必有死亡。相懼以此，故世莫敢西益宅……。二曰諱被刑為徒，不上丘墓……。三曰諱婦人乳子，以為不吉。將舉吉事，入山林、遠行、川澤者，皆不與之交通……。四曰諱舉正月、五月子。以為正月、五月，子殺父與母，不得舉也……。」[79]

所以據上述漢代《論衡》的說法，婦女乳育幼子，也被視為很不吉之事，舉凡任何吉事，或是要入深山林中辦事、遠行歷事、入河川沼澤等地者，這些人都不與產婦有任何交流，以免被她污染壞了吉事。所以後來流傳到台灣的這些傳統禁忌，其實有其非常悠遠的歷史源流，深深地保留在民間的宗教習俗與禁忌中。

76．鄺芷人，1992，《陰陽五行及其體系》，台北：文津出版社，頁134。

77．明．王圻纂輯，1974，《三才圖會》，明萬曆三十五年刊本，台北：成文出版社，頁1464。

78．李維史陀（Claude Levi-Struss），1992，《神話學：生食和熟食》，周昌忠譯，台北：時報文化出版。

79．鄺芷人，1992，《陰陽五行及其體系》，台北：文津出版社，頁379-380。

93．家有喪事為何會在一年內，最好不要到廟裡拜拜？

答 據人類學者李亦園先生的分析，對喪事相關的禁忌是被歸為「超自然的污染」：「污染（Pollution）的原義實際上是來自對神聖的侵犯，最初是指個人的犯瀆行為，後來就逐漸轉為侵犯神聖的鬼魅惡魔。鬼魅惡魔不但侵犯神聖的領域，也是人間一切不幸、痛苦與疾病的來源，……與鬼魅直接有關的就是死亡，所以全世界各民族都對死亡以及安排死者的喪事看作是非常嚴重的污染。在吾國傳統民間習俗中，對死亡污染的觀念也非常明顯。大家都知道民間風俗中遇到一家人有喪事，喪家的人一定要為左鄰右舍門上貼上紅紙條，這就是表示不要把喪亡之事污染到鄰居之意，在此亦可看出紅色在中國顏色象徵系列中不但是喜事，而且也有防避污染之功能。」[80]

也因為家中遭逢親人喪亡，尤其是直系的父母亡故，則被視為非常不潔淨，至於祖父母的喪亡，則是其次不潔的。因此家有喪事者，在傳統觀念上，都會被告知，最好一年內不要到廟內上香祭拜，或是跟隨進香團到別處廟宇祭拜，這都是不太好的事。因為當事者身屬不潔淨的磁場，若是到神聖的廟宇，怕會將家中不好的磁場帶到廟宇，污染神聖的殿堂或是重要的法器，這樣也是對神明大不敬，容易冒犯神明。若是明知故犯者，這樣更容易導致對當事者不利不順遂之事產生。傳統上喪家多在守孝快滿一年時，視為「小祥」，會延請法師舉辦「除靈」儀式，表示該家潔淨了。此後，可以自由去廟裡上香就沒有問題了。

94．為何家有喪事，一年內最好不要去朋友家裡拜訪？

答 由於家有喪事，在國人傳統信仰觀念中，表示這家人的運勢很不好，且被視為很嚴重的不潔淨，為了避免將家中的衰運與不好的運勢帶到朋友家中，家有喪事的當事者，最好在一年內不要去朋友家中拜訪，以免讓人家覺得晦氣或心裡不舒服，這是懂得傳統習俗的人們要自動遵守的禁忌與規則。傳統上喪家多在守孝快滿一年時，視為「小祥」，會延請法師舉辦「除靈」儀式，表示該家潔淨了。此後，可以去朋友家拜訪，便沒有問題，人家就不會再有心裡的疙瘩了。

80 • 李亦園，1992，《文化的圖像》，臺北：允晨文化實業有限公司，頁207。

問「喪禮的禁忌」

為何陰曆七月不辦喪禮？為何白包奠儀的鈔票要用奇數？參加喪禮結束後，為何需要淨身、吃「散筵席」？避開喪禮的禁忌，辟邪除穢、平平安安。

95．為何陰曆七月通常不辦出殯喪禮？

答　傳統觀念上，陰曆七月為鬼月，是許多孤幽暫時從地府被釋放出來，接受民間宮廟或民家的慈悲普度的月份，這個月通常佛道兩教的法師道長都很忙碌，有句俗諺說：「七月沒閒和尚」便可見一般。加上鬼月許多孤魂滯魄（俗稱好兄弟）都被釋放出來了，他們會四處遊盪，所以倘若再有喪事的話，一來是道長或法師很難請，二來鬼月習慣被視為諸事不宜的禁忌月，所以倘若不幸亡者於陰曆七月身故，只好停柩（打桶）久一點，等度過陰曆七月再行擇日舉辦喪禮等法事流程。

96．為何包喪禮的白包奠儀，錢或鈔票要用奇數？

答　一般參加告別式的親友多會準備一些錢作為奠儀，對於喪家表示哀悼之意，並致贈喪家作為補貼喪葬費用或是日後陽世家屬的一些安家費用。又因為表達喪事，多以白色的奠儀紙袋裝錢，故俗稱為「白包」，有別於參加結婚喜宴所包的「紅包」。又喪事白包的錢強調要包奇數，例如：一千一百或二千一百元，不能用雙數，以免喪事成雙，再度帶來不吉的喪事；如果是喜事的紅包則要包雙數，例

● 製成藍色的南部奠儀袋／李秀娥攝

● 香奠白包／李秀娥攝

如：二千或三千六百元，有「好事成雙」之意。民間也強調白包的金額不必很多，因為人已經往生了；至於送給結婚新人的紅包，因為未來日子還很長，所以紅包會多包一些。奠儀白包上面，有的印上藍色「奠」字，或加上荷花和荷葉裝飾著；也有南部的奠儀是用鮮藍色的紙袋，上面也印有一個「奠」字，再用一圈花草紋圈圍起來裝飾著。[81]

97．參加喪禮後，為何要用淨水灑身體？

答 在傳統的觀念中喪事被認為是不潔淨者最嚴重的一類，所以必須體念有些親友的生肖沖犯與敏感體質者，怕會因為在接觸喪禮，回去後反而被鬼祟等不潔之物煞到，造成身體或精神不適的狀況，所以喪家必須為前來參與喪禮家奠、公奠弔唁亡者、送到火葬場或安葬的墳場之親友，以淨符或淨符水除穢去煞。所謂「淨符水」，即以一較大的水盂或水桶裝清水，燒化一張「淨符」，再摘新鮮的帶葉榕枝一小段或加上一些

● 告別式中提供的淨水除穢處／李秀娥攝

● 參加喪禮告別式者需以榕枝淨水淨身除穢／李秀娥攝

芙蓉葉，或是用抹草葉，投入淨符水盂內，這有加強辟邪除穢的作用。

98．參加火葬場的火化喪禮後，為何要跳過火堆來過火？

答 喪事被認為是不潔淨者最嚴重的一類，所以喪家必須為參加喪禮的人，準備去除喪事晦氣之淨身儀式，有的則是自墳地歸返或是在火葬場現場時，燒化一草把過火淨身，讓親屬走過草把燻一燻、淨水符水淨身，即可去除沾染喪家之穢氣。

81 • 李秀娥，2015，《圖解台灣喪禮小百科》，台中市：晨星出版公司，頁129。

● 參加火葬場的賓客依序過火淨身／謝宗榮攝

● 火葬場過火後以淨符水淨身除穢／謝宗榮攝

99．參加喪禮告別式後，道長為何要給「清淨符」？怎麼使用？

● 道長所寫清淨符可以除穢／謝宗榮攝

答 一般告別式的場合或送葬返主後，喪家要預先請作功德的道長或法師，以毛筆或硃砂筆誦咒畫為數眾多的「清淨符」，又稱「淨符」，可直接送給要將碰觸喪禮之不潔穢氣去除的親友，或是以「淨符水」來為其除去喪事之穢氣。「淨符」所畫之內容，一般自符頭到符腳可為「唵道淨罡」、「唵佛淨罡」或「唵啞佛淨罡」，而淨字一勾拖長斜書七畫，以示北斗七星，罡字上面再押一符腳。畫符時會心中默誦「開天門，閉地戶。留人門，殺鬼路。穿鬼心，破鬼肚」、「奉請普庵祖師勅此淨符，腳踏四罡救萬民」。82

「淨符水」有加強辟邪除穢的作用，因為在傳統的觀念中，喪事被認為是不潔淨者最嚴重的一類，所以喪家必須為前來參與喪禮之人，以淨符或淨符水除穢去煞。也有去除喪事晦氣者，則是自墳地或火葬場歸返時，燒化一草把過火淨身，讓親屬走過草把燻一燻、淨水符水淨淨身即可。83

● 使用抹草的淨符水，讓參加喪禮或弔唁的賓客除穢用／謝宗榮攝

100・喪禮結束，為何要吃「散筵桌」？主家送給來幫忙的親友「散筵（緣）金」又是什麼？

答 在台南地區出殯結束後，「安靈完妥，喪家為了感謝親朋好友在治喪期間的關心與協助，並於百忙中撥空前來為亡者送行，以及禮儀業者的工作人員、各式陣頭之表演者在出殯時辛苦付出，往往會備辦宴席來款待眾人。臺灣民間通常稱這種宴席為『散筵』，意謂喪事告終，因治喪而相聚的緣分在吃完該餐筵後就此散去，而臺南人又將散筵分為內、外兩種稱法，其中對內稱法為『團圓飯』或『圓滿餐』，意旨孝眷所食用的桌次；對外稱法為『平安宴』或『除穢宴』，泛指孝眷以外的各界人士所享用之桌次。依本地固有習

● 喪禮後發紅包給前來幫忙的親友，以示感謝／謝宗榮攝

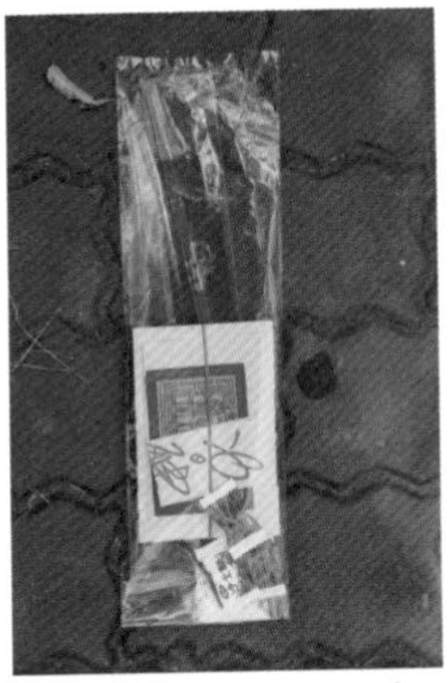

● 吃散筵桌後，也分給親友每戶一份散筵金／謝宗榮攝

82・感謝基隆廣遠壇・丹心宗壇李游坤道長所教導的淨符畫法與咒語。

83・引自李秀娥，2015，《圖解台灣喪禮小百科》，台中市：晨星出版公司，頁122。

● 正在吃散筵桌的眾多親友／謝宗榮攝

俗，孝眷的桌次要安排一桌在原本豎靈之處，此桌係由亡者配偶、孝男、孝媳、孝女、長孫、長孫媳優先入座，且要坐滿十人才能開桌，以祈得十全十美和團圓、圓滿的吉兆，至於其他桌次則無人數限制，擺設地點也可以自由選擇。……按臺南慣制，全雞、滷肉均為散筵必備菜色，……上菜時必須保持整隻雞的全貌，散筵中透過全雞來傳達『起家』（閩南語的『雞』與『家』同音）的意涵，勉勵孝眷齊心振作，讓家運能重新再起。滷肉則採用切塊或切片來烹煮，而這種形式的滷肉原稱『相合肉』，可是民眾常因諧音之故遂訛稱為『三角肉』，以致散筵也屢屢被俗稱作『呷三角肉』。」84

喪家宴請前來幫忙的親友享用一頓「散筵桌」，餐宴結束後，希望因為喪事聚會的緣分不再出現，會再送給前來幫忙的親友一份

● 找僻靜處化散筵金前先上香／謝宗榮攝

● 上香後點燃散筵金除穢／謝宗榮攝

「散筵（緣）金」（含有線香、壽金、淨符、糖果），讓親友在尚未返抵家門前，找一偏僻靜處，焚香祝禱，敬獻壽金，稟求平安，讓亡靈或邪祟千萬別跟隨回家，[85] 這樣才可避免被靈跟到，作弄這些幫忙喪家的親友，導致人反而因此感到不舒服，甚至得另外找法師處理，所以「散筵（緣）金」是喪家在喪宴快結束時，送給前來幫忙的親友帶走的貼心祭拜品。

84．引自楊士賢，2019，《溫柔告別：臺南喪葬禮俗研究》（大臺南生命禮俗專輯），臺南市：臺南市政府文化局和臺北市：蔚藍文化出版社，頁320

85．李秀娥，2015，《圖解台灣喪禮小百科》，台中市：晨星出版公司，頁122-123。

金棹
1996a〈一〇七、道教服丹成仙的信仰是怎樣的？〉，王卡主編，《道教三百題》。台北市：建安出版社，頁 331-333。
1996b〈一一二、金丹的煉製過程是怎樣的？〉，王卡主編，《道教三百題》。台北市：建安出版社，頁 347-350。

袁珂
1987《中國神話傳說辭典》，台北：華世出版社。

徐福全
1995《臺灣民間祭祀禮儀》。新竹市：台灣省立新竹社會教育館。
保庇 NOW 網頁，2019 年 6 月 20 日，〈抽到籤王很煩惱？ 其實應該這樣看〉。

曾景來
1998[1938]〈霞海城隍爺廟〉，曾景來：《台灣的迷信與陋習》，頁 297-301。台北，武陵出版社。

程大昌（宋）
1991《演繁露》。北京：中華書局。

陳瑞隆
1998《台灣生育冠禮壽慶禮俗》，台南：世峰出版社。

楊士賢
2019《溫柔告別：臺南喪葬禮俗研究》（大臺南生命禮俗專輯）。臺南市：臺南市政府文化局和臺北市：蔚藍文化出版社，

《漢語詞典》條目〈杯珓（盃珓）〉。

《維基百科：自由的百科全書》〈擲筊〉、〈筊杯〉條。

鄭琪芳報導，2016.12.02〈抽到下下籤後 婦人刮中 200 萬一掃陰霾〉，「自由財經」。

龍井無極天道監修宮
2009《2009 傳統農民曆：龍井無極天道監修宮》。台中：龍井無極天道監修宮管理委員會。

謝宗榮
2003〈文昌帝君的信仰與傳說〉，《傳統藝術》第 34 期，頁 8-10。

謝宗榮、李秀娥
2016 《圖解台灣民俗工藝》（圖解台灣 11）。台中：晨星出版公司。

謝宗榮、李秀娥、簡有慶合著
2007 《芝山拔翠・惠濟群生一芝山巖惠濟宮乙酉年五朝祈安福醮》（總編纂：謝宗榮），台北：芝山巖惠濟宮管理委員會。

鄺芷人
1992《陰陽五行及其體系》，台北：文津出版社。

參考書目

內政部「全國宗教資訊網 - 宗教知識家線上百科」。

王　圻（明）
1974《三才圖會》（一～六冊），明萬曆三十五年刊本，台北：成文出版社。

竹山紫南宮網頁
服務項目「發財金、還金」、「祈福金雞」。

百度百科
「荼壽」條。

李亦園
1992《文化的圖像》（上）、（下）（允晨叢刊 37-38），
台北：允晨文化實業股份有限公司。

李秀娥
2004〈辟邪神獸的類型與意義〉，謝宗榮主編：《驅邪納福——辟邪文物與文化圖像》，宜蘭：國立傳統藝術中心，頁 58-72。
2007〈台南市開隆宮的成年禮俗〉，歷史月刊 234：13-17。
2015《圖解台灣傳統生命禮儀》（圖解台灣 6），台中：晨星出版公司。
2015《圖解台灣民俗節慶》（圖解台灣 7），台中：晨星出版公司。
2015《圖解台灣喪禮小百科》（圖解台灣 8），台中：晨星出版公司。
2019《迎神台灣：圖解信仰儀式與曲藝陣頭》，台北市：帕斯頓數位多媒體公司。

李維史陀（Levi-Struss, Claude）
1992《神話學：生食和熟食》，周昌忠譯，台北：時報文化出版。

李豐楙、謝宗榮、李秀娥編撰
1998《藝文資源調查作業參考手冊——信仰節俗類》，台北：文建會。

李燦郎
2003〈台灣人身後的救贖方式——道教式拔度功德法事〉（未刊稿）。

杜而未
1996[1966]《鳳麟龜龍考釋》，臺北：臺灣商務印書館。

宋光宇、林明雪
1992a〈日治時期大稻埕宗教活動節錄（上）〉，《臺北文獻（直）》99:69-107。
1992b〈日治時期大稻埕宗教活動節錄（下）〉，《臺北文獻（直）》101:1-40。

林豪（清）
1963《澎湖廳志》（臺灣研究叢刊第 164 種）（全三冊），光緒 19 年（1893）刻本，臺北：臺灣銀行經濟研究室編，臺灣銀行發行。

屈萬里
1983《詩經詮釋》（屈萬里全集 5），台北：聯經出版事業公司。

國家圖書館出版品預行編目資料

圖解台灣問俗小百科：100個日常民俗生活的問答題 /
李秀娥著. -- 初版. -- 臺中市：晨星, 2020.10
面；　公分. -- (圖解台灣；27)
ISBN 978-986-5529-50-5(平裝)

1.臺灣文化 2.民間信仰 3.通俗作品

733.4　　109012358

線上讀者回函，
加入馬上有好康。

圖解台灣 027
圖解台灣問俗小百科：100個日常民俗生活的問答題

作　　者　李秀娥
攝　　影　謝宗榮、李秀娥
主　　編　徐惠雅
執行主編　胡文青
校　　對　李秀娥、胡文青、林品劭
美術設計　李岱玲
封面設計　柳佳璋

創 辦 人　陳銘民
發 行 所　晨星出版有限公司
台中市 407 工業區 30 路 1 號
TEL：04-23595820　FAX：04-23597123
E-mail：service@morningstar.com.tw
http：//www.morningstar.com.tw
行政院新聞局局版台業字第 2500 號
法律顧問　陳思成律師
初　　版　西元 2020 年 10 月 10 日
劃撥帳號　22326758（晨星出版有限公司）
讀者專線　(02)23672044 / 23672047

印　　刷　上好印刷股份有限公司

總 經 銷　知己圖書股份有限公司
台北　台北市 106 辛亥路一段 30 號 9 樓
TEL：（02）23672044 / 23672047
FAX：（02）23635741
台中　台中市 407 工業 30 路 1 號
TEL：（04）23595819　FAX：（04）23595493
E-mail　service@morningstar.com.tw
網路書店　http://www.morningstar.com.tw
郵政劃撥　15060393
戶　　名　知己圖書股份有限公司

定價 490 元
（如有缺頁或破損，請寄回更換）
ISBN：978-986-5529-50-5
Published by Morning Star Publishing Inc.
Printed in Taiwan